Bayerische
Weiberwirtschaft'n

HÄDECKE

Bayerische Weiberwirtschaft'n

Refugien für Leib und Seele

30 Wirtinnen und ihre Lieblingsrezepte

Text Hannelore Fisgus
Fotos Barbara Lutterbeck
Idee, Konzeption und Realisation
Ria Lottermoser

1 Gasthaus Waller, Reisach
2 Hotel Krone, Gößweinstein
3 Klostergasthof Raitenhaslach
4 Gasthof Eberl, Hattenhofen
5 Landgasthof Blaue Traube, Burgthann
6 Restaurant Fischerstuben, Augsburg
7 Gasthaus Hofmann, Schindelsee
8 Reindl's Partenkirchner Hof, Garmisch-Partenkirchen
9 Gasthof zum Falken, Mainbernheim
10 Kamm-Bräu, Zenting
11 Gasthof Körner, Bad Kissingen
12 Biohotel Kurz, Berchtesgaden
13 Altstadthotel, Bad Griesbach
14 Zwieseler Waldhaus, Zwieslerwaldhaus
15 Goldmarie, München
16 Braugasthof Grosch, Rödental
17 Landhotel Adler, Martinszell
18 Gasthaus Beckerwirt, Böhmfeld
19 Hotel Gasthof Jungbräu, Abensberg
20 Altes Fährhaus, Bad Tölz
21 Retters Feinschmecker, München
22 Auberge Moar Alm, Sachsenkam
23 Schlossanger Alp, Pfronten
24 Bräustüberl Baumburg, Altenmarkt
25 d'Weiberwirtschaft, Kalsing
26 Landgut Stetter, Riggerding
27 Gasthaus Weißenbeck, Unterbachern
28 Ruderhaus und Café Conditorei Wiedemann, Deggendorf
29 Landgasthof Winbeck, Holzham
30 Löwenbräu, Adelsdorf

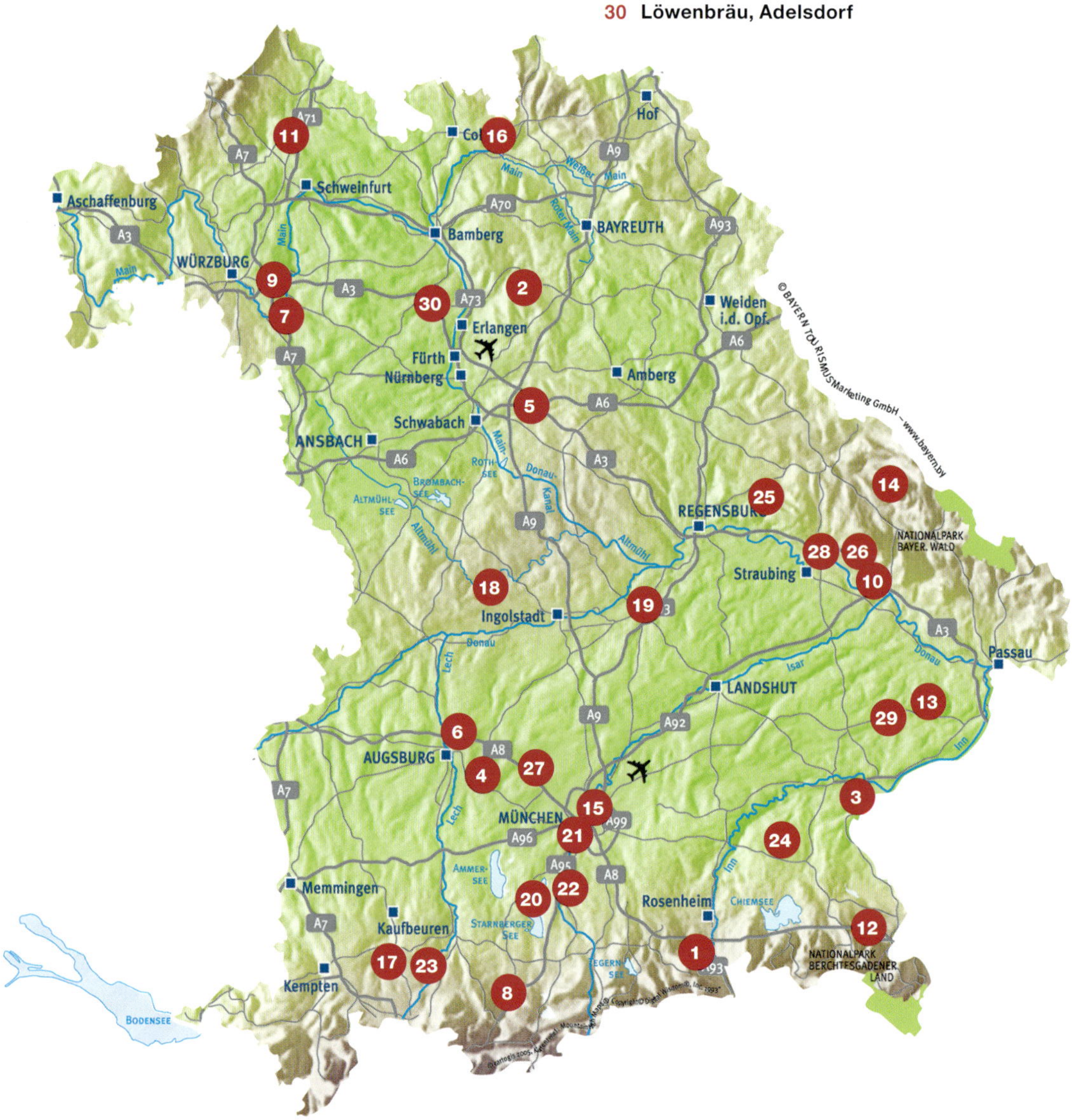

30-mal Frauenpower

Anstoß für dieses Buch war »d'Weiberwirtschaft« in Kalsing bei Roding in der Oberpfalz. Drei Generationen, allesamt weiblich, arbeiten dort in Küche und Gaststube und sind Mittelpunkt, ja Herz und Seele einer kleinen Dorfgemeinde und weit darüber hinaus.

Wir haben uns auf die Suche nach weiteren bayerischen Gasthäusern und Restaurants gemacht, wo man in erster Linie gut essen und trinken kann – und wo Frauen das Sagen haben. Und siehe da, wir fanden weit mehr, als wir in dieses Buch aufnehmen konnten. Die Auswahl fiel infolgedessen schwer.

Somit kann und will dieses Buch keinen Anspruch auf Vollständigkeit oder gar Objektivität erheben. Wichtig war allein, die Vielfalt zu zeigen, in welcher Weise Frauen heute als Wirtinnen tätig sind. Der Leser begegnet ganz unterschiedlichen Frauen, deren Geschichte und Geschichten so unterschiedlich sind wie die Landschaften, aus denen sie stammen. Jede Weiberwirtschaft hat ihre Besonderheit und ihren eigenen Charakter. Allen Wirtinnen gemeinsam ist aber eines – die Leidenschaft für die Gastronomie.

Im Jahr 2009 erschien dieses Buch in erster Auflage. Ein schöner Erfolg, der so vielversprechend war, dass wir mit dieser Ausgabe eine zweite Auflage auf den Markt bringen. Die Recherchen waren aufwendig, vieles war zu korrigieren. Manche Wirtinnen hatten umfangreiche Renovierungen vorgenommen, manchmal waren familiäre Änderungen zu berücksichtigen.

Auch wenn alle Informationen, wie sie für ein solches Buch erforderlich sind, verantwortungsbewusst abgefragt und die Texte entsprechend geändert wurden, sei dennoch den Leserinnen und Lesern empfohlen, sich vor dem Besuch der Gaststätten und Restaurants über das Internet zu vergewissern, dass sich die genannten Öffnungszeiten oder Kontaktdaten nicht nochmals zwischenzeitlich geändert haben. Die Recherchen für diese Ausgabe wurden im Juli 2011 abgeschlossen.

Abschließend möchten wir all denjenigen danken, die in Form von Briefen und persönlichen Schreiben kundtaten, wie sehr sie dieses Buch in ihr Herz geschlossen haben. Damit haben wir unser Ziel erreicht, nämlich Ihnen, liebe Leserinnen und Leser, mit diesem Buch Freude zu bereiten und eine Anregung zu geben, immer wieder mal eine dieser so sympathischen »bayerischen Weiberwirtschaften« zu besuchen.

Hannelore Fisgus und Ria Lottermoser

1

Oberbayerisches Kleinod

Anna Armborst im Gasthaus Waller in Reisach

Adresse
Gasthaus Waller
Urfahrnstraße 10
83080 Oberaudorf-Reisach
Telefon 08033/1473
Fax 08033/979618
E-Mail: info@waller-reisach.de
Website: www.waller-reisach.de

Öffnungszeiten
Täglich 10.30–ca. 23.00 Uhr
Mo Ruhetag

Anfahrt
A 93 Dreick Inntal–Kufstein, Ausfahrt Oberaudorf, Richtung Brannenburg, vor Niederaudorf über die Auerbachbrücke, dann rechts Richtung Kloster Reisach

Ein Gasthaus wie aus dem Bilderbuch, auf das Wirtin Anna Armborst stolz sein kann. Hier sind Tradition und Bodenständigkeit daheim. Besonders am Wochenende herrscht Hochbetrieb in der Wirtsstube und im Sommer im gemütlichen Biergarten. Wer es ruhiger mag, kommt unter der Woche.

Von der Weide läuten die Kuhglocken herüber, der Turm der Klosterkirche ragt stolz im Hintergrund auf, dem Gast im Biergarten spenden alte Kastanien Schatten, und die Stube ist noch genauso wie vor hundert Jahren. Das Gasthaus Waller unweit der Autobahn München–Kufstein ist natürlich längst kein Geheimtipp mehr. »Der Waller ist eine Institution, schon immer gewesen, schon als Student vor zwanzig Jahren bin ich nach dem Skifahren hier eingekehrt«, erzählt der Ehemann von Wirtin Anna Armborst. Heute sitzt Johannes Armborst immer noch gerne in der alten holzgetäfelten Stube und unterhält sich mit den Gästen, während Anna zwischen Service und Küche unterwegs ist. Früher hat sie im elterlichen Betrieb bedient, heute ist sie die Chefin und zwar sie ganz allein, das hat sie sich ausbedungen. Denn ein Mannsbild, das »dreinred«, kann sie nicht gebrauchen in ihrem Wirtshaus.

Eine schönere Gaststube als die von Anna Armborst gibt es weit und breit nicht. Wenn das Licht schräg durch die Fenster fällt und auf die alten Bilder und Geweihe neue Bilder malt, wenn die Standuhr sonor die Zeit ansagt und der Bass im Eck ein wenig zittert, dann wünscht man sich die alten Zeiten zurück, als sich die Musikanten beim Waller trafen und aufspielten.

Dabei war der Waller schon immer ein bisserl was Besseres. 1750 wurde er als Gasthaus zum kurz zuvor gegründeten Karmeli-

Seit dem 1. Januar 2005 führt Anna Armborst das Zepter im Traditionsgasthaus Waller.

Die Stube wie vor hundert Jahren? Nicht ganz. Denn nach dem großen Feuer von 1985 wurde das stolze Anwesen originalgetreu wieder aufgebaut – dank der tatkräftigen Mithilfe der gesamten Nachbarschaft.

terkloster Reisach erbaut. Pilger und Innschiffer machten hier halt. Vor hundert Jahren kaufte der Urgroßvater von Anna Armborst das stattliche Anwesen für einen seiner drei Söhne, von denen jeder vom Vater einen Gasthof bekam. Schon bald verkehrten hier die Herrschaften der drei umliegenden Adelssitze. Um ungestört zu bleiben, schirmte sie ein Paravant gegen den Plebs in der Gaststube ab. So erzählt man sich jedenfalls.

So lange sich Wirtin Anna Armborst erinnern kann, gab es im Gasthof warme Küche. Die gibt es auch heute noch durchgehend, denn vor allem am Wochenende bei schönem Wetter ist richtig was los beim Waller. Dann kommt die Küche kaum nach mit dem Ausgeben von Schweinebraten, Böfflamott, Schnitzeln und Gulaschpfannen oder den Spinatknödeln, Dampfnudeln und Topfenstrudeln. Die Küche beim Waller ist klassisch bayerisch, wobei sie auch viele vegetarische Gerichte bietet, die bei den Gästen sehr beliebt sind. Aus eigener Produktion stammt der Verdauungsschnaps – Obstler oder Zwetschgenwasser. Kultstatus hat, nebenbei bemerkt, das Bier im Waller: das »Boisei«, das Oberaudorfer Weißbier aus der vermutlich kleinsten Brauerei der Welt, von Hand gebraut und abgefüllt in Bügelflaschen mit Porzellanverschluss.

Ausflugstipp: Kloster Reisach

Vom Gasthof aus sind es nur wenige Schritte zur barocken Klosteranlage. Das Karmeliterkloster Urfahrn (seit 1835 Kloster Reisach) ist eine Stiftung des Kurfürstlichen Bräukommissärs Johann Georg von Messerer und wurde nach den Plänen des Münchner Hofbaumeisters Johann Baptist Gunetzrhainer (1692–1763) erbaut. Das wunderbare Hochaltarblatt und die Bilder der vorderen Seitenaltäre schuf der Münchner Hofmaler Balthasar Albrecht. Die übrigen vier Seitenaltäre stammen von Johann Baptist Straub, beim Skapulieraltar hat Ignaz Günther mitgewirkt. An Sonn- und Feiertagen finden Führungen statt. In der Weihnachtszeit kann man hier eine der schönsten und wertvollsten Barockkrippen Oberbayerns bewundern.

Spinatknödel

6 alte Semmeln | 500 g TK-Spinat, gehackt | 100 g geriebener Käse (z. B. Emmentaler) | 50 g Mehl | 3 Eier | 1 Zwiebel, fein gehackt | Knoblauchzehe, fein gehackt | 1–2 EL Petersilie, fein gehackt | Salz und Pfeffer aus der Mühle | frisch geriebene Muskatnuss | 70 g zerlassene Butter | frisch geriebener Parmesan (nach Belieben)

■ Die Semmeln in kleine Würfel schneiden. Den Spinat auftauen und mit den Semmelwürfeln und mit Käse, Mehl, Eiern, Zwiebeln, Knoblauch, Petersilie sowie der Spinatflüssigkeit sorgfältig vermengen. Mit Salz, Pfeffer und Muskat kräftig würzen.
■ Aus dem Teig Knödel formen. Reichlich Salzwasser aufkochen lassen und die Knödel bei kleiner Hitze 15 bis 18 Minuten gar ziehen lassen. Mit der Butter überziehen. Nach Belieben mit Parmesan anrichten.

In der Stube wurde früher musiziert, und die feinen Herrschaften schossen von hier aus auf eine Schützenscheibe in der Küche. Heute sind die Schützen ins Nebenzimmer umgezogen.

Rote-Bete-Suppe

500 g Rote Bete | 1 EL Butter | 700 ml Hühnerbrühe | frisch geriebene Muskatnuss | 1 EL Kreuzkümmel | Salz | 2 EL Zucker | 150 g geschlagene Sahne

■ Rote Bete schälen und in der Küchenmaschine fein zerkleinern.
■ Die Butter in einem Topf bei leichter Hitze zerlassen und die Rote Bete einige Minuten unter Rühren anschwitzen. Die Brühe angießen, mit Muskat, Kreuzkümmel, einer Prise Salz und dem Zucker würzen und 10 bis 15 Minuten zugedeckt köcheln lassen.
■ Anschließend mit dem Stabmixer pürieren und nochmals abschmecken. Auf vorgewärmten tiefen Tellern anrichten und mit einem Sahnehäubchen dekorieren.

2

Barocke Verführung

**Dominika Brendel
im Hotel Krone in Gößweinstein**

Adresse
Hotel Krone
Balthasar-Neumann-Straße 9
91327 Gößweinstein
Telefon 09242/207
Fax 09242/7362
E-Mail:
krone-goessweinstein@t-online.de
Website: www.krone-goessweinstein.de

Öffnungszeiten
Täglich 11.00–21.00 Uhr,
durchgehend warme Küche
Di Ruhetag

Anfahrt
A9 Nürnberg–Bayreuth,
Ausfahrt Pegnitz

Wallfahrer, Ausflugs- und Urlaubsgäste pilgern gleichermaßen zum Kuchenbüfett von Dominika Brendel. Ihre süßen Verführungen sind so üppig wie der Barockstil der Basilika, auf die man von der Sonnenterrasse des Hauses aus einen herrlichen Blick genießt.

Die Wallfahrt zur Heiligen Dreifaltigkeit von Gößweinstein ist seit Jahrhunderten ein Magnet. Von Mai bis September kommen zahllose Pilgergruppen aus der näheren Umgebung, aber auch von weit her. Gößweinstein ist das Oberammergau der Fränkischen Schweiz.

Von der Restaurantterrasse des Gasthofs Krone genießt man zweifellos den besten Blick auf die prächtige Basilika, die kein Geringerer als Balthasar Neumann erbaute. Sie gilt als Juwel der Barockarchitektur, und ihre harmonische Innenausstattung ist mindestens so eindrucksvoll wie die imposante Fassade.

Dominika Brendel ist mit diesem Anblick groß geworden, und auch die Pilger sind ihr seit der Kindheit vertraut. Gemeinsam mit zwei Schwestern wuchs sie in einem Gastbetrieb, in der Pension ihrer Mutter auf, wo die Mädchen schon früh den Umgang mit Gästen, Service und Kontoführung lernten.

Der Beruf als Hotelkauffrau war der jungen Wirtin somit praktisch in die Wiege gelegt. Und als es darum ging, das väterliche Erbe anzutreten, zögerte sie nicht lange. Mit 26 Jahren übernahm sie die Verantwortung und führt nun bereits seit über 15 Jahren den stattlichen Gasthof im Zentrum des Wallfahrtsortes. Ein schönes, aber kein leichtes Erbe, denn das Haus musste saniert und renoviert werden, und die Mittel dazu waren nicht vorhanden.

Mit Charme und einer gehörigen Portion Geschicklichkeit verstand es die blonde Fränkin, aus der Not Tugenden zu machen. Die Zimmer ihres Gasthauses richtete sie mit »Nostalgiemöbeln« im Stil der 1930er Jahre ein, und da es anno dazumal keine Zimmer

Bis ins 16. Jahrhundert lässt sich die Geschichte des Anwesens Krone zurückverfolgen.

Seit 1907 befindet sich der Gasthof in Familienbesitz. Zur Krone gehört heute noch ein großes Grundstück mit 80 Obstbäumen. Sie liefern die Früchte für den hochprozentigen »Hausgeist«.

mit eigenem Bad gab – gibt es sie auch heute noch nicht. Für anspruchsvollere Gäste hat Dominika Brendel allerdings inzwischen ein weiteres Gästehaus dazugekauft.

Früher gehörten Landwirtschaft und Brauerei zur Krone, doch damit war schon in den 1960er Jahren Schluss. Viele Obstbäume besitzt die Wirtin heute aber immer noch. Die Früchte verwendet Dominika Brendel nicht nur für ihre weithin berühmten und nicht nur von Wallfahrern geschätzten Blechkuchen – im Fränkischen auch »Plootz« genannt. Sie lässt auch Hochprozentiges daraus brennen. Edle Obstbrände sind genauso eine Spezialität des Hauses wie die beeindruckend große Schwarzwälder Kirschtorte, der Windbeutel und der Apfelstrudel oder – ihre neueste Kreation – die Wallfahrertorte. Ein Praktikum in einer Bayreuther Konditorei hat in der hübschen Wirtin die Leidenschaft fürs Backen geweckt, und so erfindet sie jedes Jahr einen neuen Riesenblechkuchen nach Omas Art.

Daneben lässt die Speisekarte von Dominika Brendel auch erkennen, dass die Wirtin sehr wohl eine Schwäche hat für die bayerische, jedoch durchaus fränkisch inspirierte Küche. Wallfahrer und Wanderer stärken sich hier gerne mit echt fränkischer Kartoffelsuppe und Zwetschgenbames, leicht geräuchertem Rinderschinken. Ein besonderes Lob gebührt dem Haus auch für die große Auswahl vegetarischer Speisen. Und so ist es nicht verwunderlich, dass Dominika Brendel im Jahr 2007 die Goldmedaille beim Wettbewerb Bayerische Küche erhielt.

Ausflugstipp: Balthasar-Neumann-Rundweg

Er wurde 2004 zum 250. Todestag des großen Barockarchitekten eingeweiht und führt zu den schönsten Aussichtspunkten rund um Gößweinstein: zur Wallfahrtsstätte Kreuzberg, zum Gernerfels und zur Burg Gößweinstein. Die 1076 erstmals erwähnte Ritterburg hat ihren Namen höchstwahrscheinlich von ihrem Erbauer Graf Goswin. Die Burg befindet sich in Privatbesitz, kann aber teilweise besichtigt werden. Auf dem drei Kilometer langen Rundweg gelangt man von hier aus weiter zur Wagnershöhe und auf die Fischersruh. Von all diesen Punkten genießt man spektakuläre Blicke auf Gößweinstein und seine idyllische Umgebung.

Weitere Informationen: Tourismusbüro Gößweinstein, Burgstraße 6, 91327 Gößweinstein, Telefon 09242/456.

Dominika Brendels Riesenblechkuchen werden in einer 50-cm-Form gebacken. Wer die Wallfahrertorte in einer normal großen Backform (26 oder 28 cm Durchmesser) backen möchte, benötigt ein Drittel der Zutatenmengen. Das Foto links zeigt den Kirsch-Zimt-Streuselkuchen.

Wallfahrertorte

600 g Zucker | 15 Eier | 1 EL Vanillezucker | 300 g Mehl | 200 g gemahlene Haselnüsse | $^1/_2$ TL Backpulver | 50 g Krokant | 30 g Zartbitter-Schokoladenblättchen | 1 kg Sahne | 750 ml Eierlikör | 18 Blatt Gelatine | 1,2 kg angetaute tiefgekühlte Brombeeren | Puderzucker

■ Den Backofen auf 180 °C vorheizen.
■ Den Zucker mit den Eiern und dem Vanillezucker 15 Minuten schaumig schlagen. Mehl, Haselnüsse, Backpulver und jeweils die Hälfte des Krokants und der Schokoladenblättchen unterheben.
■ Ein Backblech mit Backpapier auslegen und einen Backring in einer Größe von 50 cm Durchmesser auflegen. Die Masse einfüllen und im heißen Ofen 30 Minuten backen.
■ Den Biskuitboden quer halbieren und den Backring auflegen.
■ Die Sahne steif schlagen und mit dem Eierlikör verrühren. Die Gelatine in einem kleinen Topf in kaltem Wasser einweichen, anschließend bei kleiner Hitze auflösen, abkühlen lassen und unter die Eierlikörsahne rühren.
■ Die Hälfte der Eierlikörsahne in den Backring füllen und die Brombeeren einzeln einstreuen. Die zweite Hälfte der Sahne darübergeben und den zweiten Biskuitboden auflegen. Kühl stellen.
■ Vor dem Servieren mit reichlich Puderzucker, dem restlichen Krokant und den restlichen Schokoladenblättchen bestreuen.

Kloster-Gasthof

3

Rast für Leib und Seele

Christine Christ im Klostergasthof Raitenhaslach

Adresse
Klostergasthof Raitenhaslach
Raitenhaslach 9
84489 Burghausen
Telefon 08677/9730 oder 9650
Fax 08677/955666
E-Mail:
info@altstadthotels.net
Website:
www.klostergasthof.com
www.klosterwelten.com

Öffnungszeiten
Täglich 11.00–23.00 Uhr

Anfahrt
B 20 Burghausen–Freilassing, Abzweigung etwa 6 km südlich von Burghausen

Es war ihr Traum, in diesem altehrwürdigen Gemäuer Wirtin sein zu dürfen. Die Hotelierstochter aus Burghausen hat dem Klostergasthof wieder eine Seele gegeben und den Gästen gediegene bayerische Gastlichkeit.

Raitenhaslach ist das älteste Zisterzienserkloster Oberbayerns. Bereits im 12. Jahrhundert hatten sich Mönche vom Bodensee in den waldreichen Auen des Inn südlich von Burghausen niedergelassen und das Kloster zu wirtschaftlicher und kultureller Blüte geführt. Wie aus einem Dornröschenschlaf wurde es 2004 wieder erweckt. Die Stadt Burghausen erwarb die Anlage, die vorher über 200 Jahre in Privatbesitz war, und die gelernte Betriebswirtin Christine Christ kaufte, unterstützt von Bruder und Schwester, den alten Klostergasthof, der infolge vieler Pächterwechsel arg gebeutelt war.

Heute hat das Gasthaus wieder einen hervorragenden Ruf. Es ist im ehemaligen Holzlager des Klosters untergebracht. In den uralten Gewölben speisen die Gäste an langen Tafeln unter wagenradgroßen Leuchtern. Die Wände sind mit dunklem Holz getäfelt, ein zimmerhoher Kachelofen und wertvolle Antiquitäten schaffen eine besondere Atmosphäre. Und wer sich in den großen, komfortablen Gästezimmern einmieten möchte, schläft in klösterlicher Stille besonders gut.

Im schönen Biergarten unter weiß-blauem Himmel und uralten Kastanienbäumen schmeckt das frisch gezapfte Bier.

Um der barocken Welt auch kulinarisch zu entsprechen, forschte Christine Christ gemeinsam mit ihrem Küchenchef in alten Kochbüchern. Im »Salzburgischen Kochbuch« von Konrad Ecker (1719) stöberte sie auch einige, für heutige Gaumen recht ungewöhnliche Rezepte auf für »Biber, Otter, Schildkrotten, Krebs,

Ob kleine Gesellschaft oder Feier in großem Rahmen: Der Klostergasthof Raitenhaslach bietet Räumlichkeiten für jeden Anlass: Bräustube, Jägereck, Bayernstüberl oder den großen Raitenhaslacher Saal.

Frösch und Schnecken«. Diese Tiere durften die Mönche auch an Fastentagen essen, galten sie doch als Fische. »Aber keine Angst«, sagt die Klosterwirtin lachend, »die haben wir nicht auf der Karte.«

Im Allgemeinen serviert man heute im Klostergasthof bürgerlich-bayerische Küche. Im wunderschönen Biergarten, unter schattigen Kastanienbäumen, gibt es Extraschmankerl: vom warmen Leberkäs über Kartoffelkäs bis zum hausgemachten Obatzten mit Riesenbreze und Essigknödel. Und wie es sich für einen echten bayerischen Biergarten gehört, darf die Brotzeit auch selbst mitgebracht werden. Leider ist die Klosterbrauerei schon seit Jahren geschlossen; die Brauanlagen hat man nach China verkauft. Aber Bier fließt trotzdem – aus dem Hofbräuhaus Traunstein.

Wein schenkt Christine Christ wie schon zu Zeiten der Klosterbrüder u. a. von den ehemaligen Weingütern der Zisterzienser in Weinziel bei Krems aus. Dieser Wein eignet sich auch hervorragend als Hochzeitswein, denn Hochzeiten »ausrichten«, gesteht die geschäftstüchtige Wirtin, selbst verheiratet und Mutter von zwei Kindern, sei ihre Lieblingsbeschäftigung. Und wo könnte man stilvoller und romantischer heiraten als in der prächtigen Rokokokirche von Raitenhaslach! Für die standesamtliche Trauung steht der alte Steinsaal des Klosters zur Verfügung, und für das leibliche Wohl sorgt dann das Team vom Kostergasthof.

Ausflugstipp

Das Kloster ist der Ausflug. Lohnenswert ist vor allem der Besuch der Klosterkirche mit ihrer einzigartigen Rokokopracht.

Zu empfehlen ist auch ein Spaziergang durch die weitläufige Klosteranlage, hoch über der Salzach gelegen, vorbei an den Fischweihern zum alten Wasserturm. Im Abteistöckl hat der rührige Burghausener Bürgermeister einen Raum für wechselnde Ausstellungen geschaffen. Auch der Prälatenstock kann besichtigt werden, allerdings nur mit Voranmeldung und nicht täglich.

Gefüllte Ente

1 Bauernente (ca. 2.600 g), küchenfertig, mit Innereien | 3 Semmeln vom Vortag, klein gewürfelt | 1 Apfel | 2 Zwiebeln | 1 EL Pflanzenöl | 1 Bund glatte Petersilie | getrockneter Beifuß | Salz und Pfeffer aus der Mühle | 250 ml Milch | 3 Eier | Paprika edelsüß

■ Den Backofen auf 250 °C vorheizen.
■ Die Ente innen und außen waschen. Anschließend bis zur Verarbeitung in ein feuchtes Tuch einschlagen.
■ Für die Füllung Leber und Herz in kleine Stücke schneiden. Die Semmeln in eine große Schüssel geben. Den Apfel schälen und das Kerngehäuse entfernen. Den Apfel in kleine Würfel schneiden und zu den Semmelwürfeln geben.
■ Eine der beiden Zwiebeln abziehen und in sehr feine Würfel schneiden. Das Öl in einer Pfanne erhitzen und die Zwiebeln glasig anschwitzen. Die Petersilie abspülen und trocken schütteln, die Blätter von den Stängeln zupfen und fein hacken. Alles zusammen über die Semmelwürfel geben und mit Beifuß sowie Salz und Pfeffer würzen. Leber und Herz zufügen. Die Milch erhitzen und über die Füllung geben. Anschließend mit den verquirlten Eiern vermengen.
■ Nun die Ente abtrocknen, innen mit wenig Salz und Pfeffer würzen und füllen. Anschließend die Entenschenkel nach hinten ziehen, ganz ausstrecken und mit einem Bindfaden zusammenbinden. Den Bauch der Ente zunähen. Gleichmäßig mit Salz, Pfeffer und Paprika einreiben.
■ Die zweite Zwiebel mit der Schale in grobe Würfel schneiden und mit dem Entenhals und dem Magen in die Bratreine geben. Darauf ein Gitter legen, auf das die Ente mit der Brust nach oben gesetzt wird. Im heißen Ofen $1^1/_2$ Stunden garen. Die Ente ist fertig, wenn beim Anstechen der Schenkel ein klarer Fleischsaft austritt.
■ Die Ente vom Gitter nehmen und den Bratensatz in der Reine mit etwas Wasser aufgießen, sämig einkochen lassen. Die Sauce durch ein Sieb streichen und das ausgetretene Fett abschöpfen.
■ Die Entenbrüste und -keulen auf vorgewärmten Tellern anrichten und mit der Sauce übergießen.

**Die Ente sollte während der Zeit, bis sie ins Rohr kommt, feucht gehalten werden, denn nur dann, so sagt die Wirtin, wird die Haut so richtig knusprig. Als Beilagen werden Apfelblaukraut und Kartoffelknödel serviert.
Die Küche des Gasthofs wurde beim Wettbewerb Bayerische Küche 2007 ausgezeichnet.**

4

Bayerisches aus der Tafernwirtschaft

Viktoria Eberl-Stefan im Gasthof Eberl in Hattenhofen

Die junge Wirtin weiß, was sie will. Mit viel Elan hegt und pflegt sie die Familientradition: unverfälschte bayerische Küche. Für die ist sie weithin bekannt. Und nicht nur wenn »Dampfnudeltag« ist, reichen die Sitzplätze in der Gaststube kaum aus.

Eine Tafernwirtschaft ist keine Taverne, auch wenn der Name es vielleicht vermuten lässt. Nach altem Landesrecht durften in einer Tafernwirtschaft Wein und Bier ausgeschenkt werden, Tafernwirte hatten das Privileg, ihre Gäste zu verköstigen und zu beherbergen und außerdem sämtliche Feiern und Feste der Dorfgemeinschaft auszurichten. Seit 1571 ist der Eberl in Hattenhofen, auf halbem Weg zwischen München und Augsburg, eine Tafernwirtschaft. Gerade hat die vierte Generation den Betrieb übernommen.

Das dicke Mauerwerk der traditionellen Gastwirtschaft, verkehrsgünstig an der B2 und früher direkt an der alten Salzstraße gelegen, ist über 250 Jahre alt. 1910 kaufte der Urgroßvater das Anwesen mitsamt Landwirtschaft, und seither sind die Eberls die Herren im Haus und in der dazugehörigen Metzgerei. Noch bis vor ein paar Jahren standen Mutter und Tochter in der Küche. Seit 2007 hat Viktoria allein das Sagen in der Küche, und ihre Schwester Christine kümmert sich um die blitzsaubere Metzgerei.

Die beiden Betriebe sind wahre Magneten für den gesamten Umkreis. Sogar aus Augsburg und München nimmt die Kundschaft den Weg auf sich für frische Würste und für Fleisch in Naturlandqualität. Metzgereigasthöfe wie der von Viktoria Eberl-Stefan sind seit jeher ein Dorado fleischlicher Genüsse, kommen doch Kesselfleisch und Weißwürste, Blut- und Leberwürste, Innereien und andere Köstlichkeiten nirgendwo frischer auf den Tisch.

Adresse
Hotel Gasthof und Metzgerei Eberl
Hauptstraße 8
82285 Hattenhofen
Telefon 08145/995700
Fax 08145/9957060
E-Mail:
briefkasten@gasthof-eberl.de
Website:
www.eberl-hattenhofen.de

Öffnungszeiten
Mo und Di 17.00–24.00 Uhr
Mi–Sa 9.00–24.00 Uhr
So 9.00–15.00 Uhr

Anfahrt
A 8 Stuttgart–München, aus Richtung Augsburg kommend Ausfahrt Odelzhausen, Richtung Mammendorf; aus Richtung München kommend Ausfahrt Dachau/Fürstenfeldbruck, auf der B 2 Richtung Augsburg

Zwei Schwestern, die ihr Handwerk beherrschen: die Wirtin des Gasthofs Eberl Viktoria Eberl-Stefan (auf der linken Seite links) und Schwester Christine, die für die Metzgerei verantwortlich ist.

Im Jahre 2009 wurde das über 500 Jahre alte Haus grundlegend renoviert. Viel Wert wurde dabei darauf gelegt, seinen Charakter zu bewahren. Seit diesem Zeitpunkt verfügt das mit 3 Sternen klassifizierte Hotel auch über 30 Zimmer.

Viktoria Eberl-Stefan, die junge Köchin und inzwischen auch Mutter, hat nun schon viele Jahre Berufserfahrung. Sie kocht – und das mit Vorliebe – nach alten Hausrezepten: zu Kirchweih Ganserl und Enten aus Freilandhaltung, am Aschermittwoch Fisch, von Hering bis Forelle, zu Silvester ein feines Menü. Unter der Woche reiht sich der Schweinsbratentag an den Dampfnudeltag, am Samstag ist Schnitzeltag, und am Sonntag gibt es frische Braten aus dem Ofen.

Dass aus dieser Küche einwandfreie bayerische Gerichte kommen, das haben auch die Testesser der Gourmetzeitschrift *Feinschmecker* festgestellt und Viktoria Eberl-Stefan in die Liste der 350 besten Adressen in Bayern aufgenommen.

Die Gaststube beim Eberl erstrahlt seit Kurzem in frischem Glanz: Blanke Holztische, gemütliche Eckbänke und ein Kachelofen, der im Winter wohlige Wärme verbreitet, verleihen der Stube eine sympathische Atmosphäre, sodass es gar nicht auffällt, dass sie brandneu eingerichtet ist.

Mit dem Umbau der Gaststube haben die Eberls auch gleich noch die Scheune ausgebaut: zu einem Drei-Sterne-Hotel. So kommt es, dass heute neben den Einheimischen am Stammtisch manchmal auch Hamburger oder Sachsen in der Gaststube sitzen. Das trägt zur Vielfalt bei, und wohl fühlen sich alle.

Ausflugstipp

Kloster Fürstenfeld: Das ehemalige Zisterzienserkloster bei Fürstenfeldbruck ist ein beeindruckendes Ensemble. Um 1700 begann man mit dem Bau der Kirche. Hofbaumeister Giovanni Antonio Viscardi verwirklichte hier die Vorstellungen des Kurfürsten Max Emanuel von einem bayerischen Escorial. Die Klostergebäude werden heute teilweise als Veranstaltungsforum genutzt und sind ebenfalls einen Besuch wert. Information über www.kloster-fuerstenfeld.de.

Eberls Dampfnudeln

Für 12 Stück
Bevor man mit der Zubereitung der Nudeln beginnt, sollte man sich einen schönen warmen Platz in der Küche suchen. Das ist wichtig, damit diese bayerische Köstlichkeit auch wirklich gelingt.

Für den Teig:
250 ml Milch | 20 g frische Hefe | 50 g Zucker | 500 g Dinkelmehl | abgeriebene Schale 1 unbehandelten Zitrone | 2 Eier | Salz

Außerdem:
250 ml Wasser | 200 g Butterschmalz

■ Für den Vorteig die Milch langsam erwärmen, die zerbröckelte Hefe darin auflösen und den Zucker sowie 1 EL Mehl zufügen. Diesen Vorteig, in Bayern auch »Doagerl« oder »Dämpferl« genannt, zu doppelter Größe aufgehen lassen.
■ Anschließend aus dem Vorteig, dem restlichen Mehl, dem Zitronenabrieb, den verquirlten Eiern und einer Prise Salz einen glatten, elastischen Teig herstellen.
■ Den Hefeteig etwa 30 Minuten zugedeckt gehen lassen, sanft kneten (die Bayern sagen »einschlagen«) und nochmals gehen lassen, bis sich das Volumen verdoppelt hat.
■ Den Teig in 12 Portionen teilen und zu kleinen Kugeln formen.
■ Einen großen niedrigen Topf (am besten aus Gusseisen) mit einem Durchmesser von etwa 30 cm mit Wasser füllen, das Butterschmalz darin erwärmen und vom Herd nehmen. Die Teigkugeln eng nebeneinander in den Topf setzen und den Deckel auflegen.
■ Die Kochstelle auf höchster Stufe erhitzen. Den Topf auf die Kochstelle setzen und die Dampfnudeln ca. 5 Minuten kochen. Der Deckel darf während des Kochens nicht geöffnet werden, da sonst die Nudeln in sich zusammenfallen.
■ Die Kochstelle nun auf die niedrigste Stufe zurückschalten. Nach etwa 15 Minuten sollten die Nudeln zu »singen« beginnen. Das Singen bedeutet, sie brutzeln, damit sie ihr »Rammerl«, ihre Kruste, bekommen. Die Gesamtgarzeit beträgt etwa 20 bis 25 Minuten.

Die Dampfnudeln (ganz oben) sind im wahrsten Sinn des Wortes ein Gedicht. Leicht und locker, wie man sie sonst selten bekommt. Das Rindfleisch aus der eigenen Metzgerei hat Naturlandqualität.

5

Echt fränkisch

Stefanie Eckardt
im Landgasthof Blaue Traube in Burgthann

Adresse
Landgasthof Blaue Traube
Schwarzachstraße 7
90559 Burgthann
Telefon 09183/7555
Fax 09183/3787
E-Mail: info@landgasthof-blauetraube.de
Website: www.landgasthof-blauetraube.de

Öffnungszeiten
Mi bis So 10.00–24.00 Uhr
Mo und Di Ruhetage

Anfahrt
A 3 Nürnberg–Regensburg, Ausfahrt Altdorf/Burgthann, A 9 Nürnberg–München, Ausfahrt Feucht, Richtung Altdorf. Von Neumarkt kommend über die B 8, Ausfahrt Schwarzenbruck

In der Blauen Traube schmeckt es wie daheim. Hier wird unverfälschte fränkische Küche serviert, von der Küchenchefin nach altüberlieferten Rezepten zubereitet. Die Blaue Traube ist ein Mekka fränkischer Gastlichkeit, und entsprechend groß ist die Zahl ihrer Anhänger.

Dieser Landgasthof war schon immer ein Refugium der Frauen. Seit 1912 befindet er sich im Familienbesitz, aber der Name der Wirtsleute änderte sich in jeder Generation, da immer verheiratete Töchter den Betrieb übernahmen. Gerade wurde Krillmayer von Eckardt abgelöst. Denn 2011 hat Tochter Stefanie Eckardt den Betrieb von ihrer Mutter Gertraud Krillmayer übernommen. Die gelernte Hotelfachfrau kümmert sich um Restaurant und Hotel, und die Seniorchefin kann sich voll auf ihre Leidenschaft, die fränkische Küche, konzentrieren. Auch da ist die Nachfolge gesichert. Tochter Melanie ist gelernte Köchin und unterstützt die Mutter, aber auch die Schwester, wenn Hilfe nötig ist.

An Tradition mangelt es in dem urgemütlichen fränkischen Gasthof zu Füßen der mittelalterlichen Burg nicht. 1364 wird das Gebäude, das damals als Mühle zur Burg gehörte, erstmals erwähnt. Später entsteht ein Hammerwerk und eine Papiermühle, bis dann im 19. Jahrhundert das Mühlwerk herausgerissen und eine Wirtschaft eingerichtet wird, die 1912 der Ururgroßvater von Stefanie Eckardt übernimmt.

Die Grundmauern und die dicken Deckenbalken der Gaststube stammen noch aus der Mühlenzeit. Holzvertäfelte Wände, handgefertigte Lampen, Zinngeschirr, liebevolle Dekorationen und ein wärmender Kachelofen schaffen ein gemütliches Flair.

Werbung müssen die Eckardts nicht mehr machen, weder für ihre Küche noch für ihre Gästezimmer, die von Stefanie und

Stefanie Eckardts Ururgroßvater ließ einen Rebstock an dem Gasthaus hochranken. Von daher stammt der für die Gegend ungewöhnliche Name des schmucken Hauses.

Die Liebe zum Detail ist Stefanie Eckardt in die Wiege gelegt. Die Gäste sollen sich wohl fühlen – ob in der kalten Jahreszeit am gemütlichen Kachelofen oder im Sommer im schönen Biergarten.

Melanie mit viel Liebe und Fantasie neu gestaltet wurden.

Es hat sich längst herumgesprochen, dass in der Blauen Traube echt fränkisch gekocht wird: Schäufele, Schweinebraten, fränkischer Rinderbraten, Tafelspitz und fränkisches Hochzeitsessen, handgeschabte Spätzle, Karpfen und Klöß. Am Sonntagmittag – aber nicht nur dann – sind die Gaststuben bis auf den letzten Platz ausgebucht.

Beim Verein »Heimat auf'm Teller« macht Stefanie Eckardt aus Überzeugung mit. Wo es geht, verwendet sie Produkte aus der Region: Kartoffeln und Fleisch vom Bauern, Salat und Gemüse aus dem Knoblauchsland. Die Weinkarte ist heimatverbunden und enthält die Namen von vielen fränkischen Winzern.

2012 steht ein großes Jubiläum ins Haus, dann wird der 100. Geburtstag der Blauen Traube gefeiert. Bleibt zu hoffen, dass das Mäderlhaus an der Schwarzach noch lange in dieser Tradition bestehen bleibt.

Ausflugstipp: Burg Burgthann

Nur wenige Meter vom Gasthof Blaue Traube entfernt führt ein 20-minütiger Fußweg hinauf zur restaurierten mittelalterlichen Burg, die aus dem 12. Jahrhundert stammt. Sie ist heute im Besitz der Gemeinde und beherbergt neben einer Begegnungsstätte ein Heimatmuseum und ein kleines Museum zum Ludwig-Donau-Main-Kanal. Hoch oben über der Schwarzach gelegen, bietet sich von hier aus auch ein herrlicher Blick über das Tal und die Umgebung. Im Sommer finden im Burghof zahlreiche Feste und Konzerte statt.

Heimat- und Kanalmuseum Burgthann, Telefon 09187/41805 (Gruppen nach Vereinbarung). Öffnungszeiten: April–Okt., jeden 1. und 3. So im Monat 13.30–16.30 Uhr, Nov.–März, jeden 1. So im Monat 13.30–16.30 Uhr.

Rehmedaillons und Perlhuhnbrüstchen in Wildrahmsauce

Für die Rehmedaillons: 800 g Rehrücken | 1 Karotte | 1/2 Lauchstange | 50 g Knollensellerie | 5 EL Öl | 1 Zwiebel, fein gehackt | 300 ml Rotwein | Salz, Pfeffer aus der Mühle | 5 Wacholderbeeren | 1 Lorbeerblatt | 10 Pfefferkörner | 1 Thymianzweig | 1 EL Preiselbeeren | 1 EL Aceto balsamico | 100 g Mehl | 80 g Sauerrahm
Für die Perlhuhnbrüstchen: 1 EL Öl | 4 Perlhuhnbrüstchen
Zum Anrichten: 350 g Pfifferlinge, in heißer Butter geschwenkt und mit Salz und Pfeffer aus der Mühle gewürzt

■ Den Rehrücken entbeinen. Die Karotte schälen. Den Lauch waschen, putzen und in Stücke schneiden. Den Sellerie in Würfel schneiden.
■ Das Öl erhitzen und die Karkassen anbraten. Das Wurzelgemüse sowie die Zwiebeln zufügen und kräftig anbraten. Mit dem Rotwein ablöschen. Mit ½ Liter Wasser auffüllen. Auf 300 ml reduzieren und die Gewürze sowie den Thymianzweig zufügen. 10 Minuten köcheln lassen.
■ Anschließend die Karkassen entfernen und die Preiselbeeren und den Aceto balsamico zugeben. Mehl, Sauerrahm und etwas Wasser verrühren. 2 EL Wildfond damit abbinden, aufkochen lassen und durch ein Sieb passieren. Warm halten.
■ Den Backofen auf 160 °C vorheizen. Das Öl erhitzen und die Perlhuhnbrüstchen auf beiden Seiten anbraten. Anschließend im heißen Ofen 15 Minuten garen.
■ Zum Anrichten den Rehrücken in acht Medaillons schneiden und in heißem Öl von jeder Seite 3 Minuten braten. Die Sauce als Spiegel auf die Teller geben, die Pfifferlinge darauf anrichten und obenauf jeweils zwei Rehmedaillons und ein Perlhuhnbrüstchen legen. Als Beilage zu empfehlen ist Kartoffelgratin.

Die Küche in der Blauen Traube orientiert sich an den saisonalen Produkten der Region.

6

Gastlichkeit am Ufer der Wertach

Sigrun Groß
im Restaurant Fischerstuben in Augsburg

Es sind nicht nur die Köstlichkeiten aus Flüssen und Seen, die das Gasthaus am idyllischen Wertachufer zu einem Anziehungspunkt machen. Bei der Augsburger Wirtin wird jede Feier zum unvergesslichen Erlebnis.

Das lang gestreckte Fischerhaus von Sigrun Groß liegt nur wenige Meter vom Wertachufer entfernt. Hier am Rand des Augsburger Zentrums hat sich die hübsche Wirtin ihr Reich geschaffen. Die schöne Augsburgerin ist eine Selfmadefrau, die einfach ins kalte Wasser gesprungen ist. Als es ihr nämlich als Mutter und Hausfrau daheim zu langweilig wurde, eröffnete sie ein Café. Dort trafen sich regelmäßig die Vorstände des Fischereivereins (dem das Gebäude gehört) und angelten sich die junge Wirtin als Pächterin für ihr Vereinsheim. Und da die quirlige Blondine keine Herausforderung scheut, übernahm sie das Lokal mit rund 200 Sitzplätzen und gestaltete es nach ihren Vorstellungen um.

Es entspricht ganz ihrem Naturell, alles, was sie anpackt, mit Leib und Seele zu machen. In sehr jungen Jahren war es für sie das Leben als Mutter, und heute ist es eben die Gastronomie. Zu ihr gehört auch, die Männer im Griff zu haben. Die fünf Herren in der Küche kochen jedenfalls nur, was ihrer Wirtin – und natürlich den Gästen – schmeckt. Der Wertacher Filettopf mit hausgemachten Spätzle ist die Reminiszenz an die schwäbische Küche, die Fischplatte für zwei Personen mit verschiedenen Beilagen der Renner. Gediegen, gehoben, leicht und bodenständig, auf keinen Fall überkandidelt – und das alles zu angemessenen Preisen. Inzwischen wurde die Küche der Fischerstuben auch schon von verschiedenen Gourmetführern gelobt.

Adresse
Restaurant Fischerstuben
Holzbachstraße 12 1/2
86152 Augsburg
Telefon 0821/153506
Fax 0821/3494121
E-Mail:
info@restaurant-fischerstuben.de
Website:
www.restaurant-fischerstuben.de

Öffnungszeiten
Di–So 11.00–14.30 Uhr und
18.00–24.00 Uhr
Mo Ruhetag

Anfahrt
Von der B17 über die Bürgermeister-Ackermann-Straße kommend unmittelbar nach der ersten Rechtskurve in Richtung Stadtmitte nach rechts in die Holzbachstraße einbiegen, kurz danach rechts über den kleinen Wertachkanal

Das idyllisch am Wertachufer gelegene Restaurant ist bekannt für seine regionale feine, leichte Küche.

Jedes Detail der Tafel ist der Wirtin wichtig. Sigrun Groß legt genauso viel Wert auf die akkurat gefalteten Servietten und die Blumendekoration wie auf die Zusammenstellung der Menüs.

Zu ihrer Hochform laufen Küche und Wirtin auf, wenn es darum geht, Hochzeiten, Geburtstage, Jubiläen oder sonstige Festivitäten auszurichten. Je opulenter, um so lieber, denn dann kommen alle Talente von Sigrun Groß zum Einsatz: Planen, Organisieren, Dekorieren.

Wenn sie mehr Zeit hätte, würde sie zum Pinsel greifen und malen. So aber kommt ihr künstlerisches Talent den Festgästen zugute. Ein dickes Buch mit Dankesbriefen zeugt davon. Sigrun Groß möchte, dass die Feste, die sie arrangiert, ein Erlebnis für alle Sinne sind. Jedes Detail muss stimmen, von der sorgfältig gefalteten Serviette über den Blumenschmuck bis zur Auswahl des Menüs. Dafür hat sie in verschiedenen Räumlichkeiten ein elegantes Ambiente geschaffen. Kleinere und größere Gesellschaften fühlen sich in dem schönen Restaurant wohl. Im Sommer stehen den Gästen auch eine Terrasse und ein Biergarten zur Verfügung.

Die Liebe zum Detail und das Gefühl für die Befindlichkeiten ihrer Gäste machen den Charme von Sigrun Groß aus. Wirtin zu sein liegt ihr im Blut: ein freundliches Lächeln hier, ein nettes »Grüß Gott« dort, viele Gäste schätzen es und kommen gerne wieder, auch wenn es nichts Besonderes zu feiern gibt.

Ausflugstipp

Die Fuggerstadt Augsburg ist mehr als einen Ausflug wert. Was es dort zu sehen gibt, füllt Reiseführer. Wir empfehlen einen Verdauungsspaziergang am nahe gelegenen Wertachufer. Bis vor 150 Jahren hatte die Wertach ausgedehnte Kies- und Sandbänke und konnte sich bei Hochwasser entsprechend ausdehnen. Durch die Kanalisierung des Flussbettes erhöhte sich die Fließgeschwindigkeit, und der Fluss grub sich ständig tiefer in sein Bett. Brücken und Böschungen waren gefährdet. Durch die nach dem Jahrhunderthochwasser von 1999 vorgenommene Renaturierung des Flusses auf den letzten 14 Kilometern vor seiner Mündung in den Lech wurde die Wertach entschleunigt, revitalisiert und damit zu einem innerstädtischen Naherholungsgebiet.

Auch zum Radeln eignen sich die Wertachufer. Der Einstieg zum Jakobus-Radweg befindet sich direkt neben den Fischerstuben.

Doradenfilet mit Kartoffelschuppen auf mediterranem Gemüse und Balsamicofond

Für die Doradenfilets:
4 Doradenfilets mit Haut à 150 g | Salz und Pfeffer aus der Mühle | Zitronensaft | Worcestersauce | 2 Eiweiß | 2 kleine festkochende Kartoffeln | 2 EL Olivenöl

Für das Gemüse:
1 Zucchini | 1 Aubergine | 1 rote Paprikaschote | 1 Bund Lauchzwiebeln | 2–3 EL Olivenöl | 1 TL Knoblauchöl | Salz und Pfeffer aus der Mühle | 2 EL in Streifen geschnittenes Basilikum

Für den Balsamicofond:
20 g Zucker | 40 ml Aceto balsamico | 1 TL Basilikumpesto aus dem Glas | 200 ml Fischfond | 25 g Butter | Salz und Pfeffer aus der Mühle

■ Die Doradenfilets mit Salz, Pfeffer, Zitronensaft und Worcestersauce würzen und mit etwas Eiweiß bestreichen.
■ Die Kartoffeln schälen und in feine Scheiben hobeln. Schuppenförmig auf die Oberseite der Fischfilets legen und nochmals mit Eiweiß bestreichen.
■ Das Öl in einer Pfanne erhitzen und die Fischfilets auf der Kartoffelseite goldbraun braten. Anschließend wenden und auf der Hautseite fertig braten.
■ Das Gemüse waschen und grob würfeln. Das Olivenöl in einer hohen Pfanne erhitzen und das Gemüse unter Rühren einige Minuten anschwitzen. Das Knoblauchöl hinzufügen und mit Salz und Pfeffer würzen. Das Gemüse bei leichter Hitze zugedeckt al dente schmoren. Zum Schluss das Basilikum einstreuen.
■ Für den Balsamicofond den Zucker in einer kleinen Pfanne karamellisieren und mit dem Essig ablöschen. Das Pesto sowie den Fischfond zufügen und etwas reduzieren lassen. Anschließend die eiskalte Butter mit dem Pürierstab einarbeiten und mit Salz und Pfeffer würzen.
■ Die Doradenfilets auf vorgewärmten Tellern auf dem Gemüse anrichten und großzügig mit dem Balsamicofond begießen.

Zwei kulinarische Highlights der Fischerstuben: das Doradenfilet mit Kartoffelschuppen (ganz oben) und das in Gewürzöl gebratene Saiblingsfilet auf Blattspinat und Orangenbuttersauce.

7

Juwel im Steigerwald

**Bettina Hofmann
im Gasthaus Hofmann in Schindelsee**

Der Weg in die Abgeschiedenheit des Steigerwaldes lohnt sich. Obwohl weit abgelegen, ist dieses Gasthaus alles andere als provinziell. Bettina Hofmanns kreative und doch bodenständige Küche wird auch höchsten Ansprüchen gerecht. Die Slow-Food-Anhängerin zaubert Köstliches aus heimischen Produkten, und auch ihre Weinauswahl zeigt Kennerschaft.

Wanderer, kommst du nach Schindelsee, dann kehre ein und lasse dich überraschen: kein rustikales Ambiente, keine Schnitzelorgie, keine fränkische Deftigkeit, auch keine altfränkische Gemütlichkeit, sondern schlichte Eleganz und Allerfeinstes aus heimischen Wäldern und Gewässern.
Ein köstliches Herbstmenü à la Bettina Hofmann kann zum Beispiel so aussehen: ausgelöste Wachtel, Feldsalat, schwarze Nüsse und Pfifferlinge, Kalbsrücken, Schnittlauchsauce, Kürbis-Kräuterpüree und frittierte Brennnesseln, Apfelküchla, Walnuss-Topfenschaum und Zimtparfait. Ihre Produkte bezieht Bettina Hofmann, soweit es möglich ist, aus der Region und behandelt sie respektvoll so, dass sie ihren optimalen Geschmack entfalten. Gekonnt achtet sie bei der Kombination ihrer Gerichte auf ausgewogene Nuancen.

Hier steht im tiefsten Steigerwald eine Köchin am Herd, die nicht nur in Sterneküchen wie im Düsseldorfer Schiffchen und im Münchner Königshof als Frau ihren Mann gestanden hat, sondern die es versteht, Sterneküche und großstädtisches Ambiente mit der Ursprünglichkeit ihrer Heimat perfekt zu verbinden. Professionell und ambitioniert wie die Küche ist auch der Service, flink und aufmerksam und kompetent genug, den Gast auch bei der Auswahl des Weines fachkundig zu beraten. Denn wie die Speisekarte hat auch die Weinkarte Erlesenes (vorwiegend aus Franken!) zu bieten.

Adresse
Gasthaus Hofmann
Schindelsee 1
96181 Rauhenebrach
Telefon 09549/98760
Fax 09549/987627
E-Mail: info@schindelsee.de
Website: www.schindelsee.de

Öffnungszeiten
November–März Do und Fr ab 17.00 Uhr; Sa und So 11.30 bis 14.00 Uhr und 17.00–24.00 Uhr
April–Oktober Mo, Mi, Do und Fr ab 17.00 Uhr; Sa und So ab 11.30

Anfahrt
A 3 Würzburg–München, von Würzburg kommend Ausfahrt Wiesentheid, über Gerolzhofen, Untersteinbach und Prölsdorf; von München kommend Ausfahrt Pommersfelden, über Burgebrach, Schönbrunn und Prölsdorf

Gasthaus Hofmann: Das alte Wirtshausschild stammt noch aus der Zeit der Vorfahren.

Heute liebt und schätzt Bettina Hofmann die Kreativität ihres Berufes, gegen den sie sich als Jugendliche gewehrt hatte. Vergeblich, denn der Vater hatte sie, die jüngste von drei Schwestern, als Nachfolgerin für den Gasthof bestimmt. Dass sie, durch seinen Tod, früher in die Pflicht genommen wurde als geplant, war nicht vorherzusehen.

Bettina Hofmann ist eine Rebellin, eine, der das Leben leider schon in jungen Jahren Zügel angelegt hat. Sie musste einige Schicksalsschläge hinnehmen, bei denen sie die Familie und damit auch ein Stück Rückhalt verlor. Um so bewundernswerter sind ihr Durchhaltevermögen und ihre Kreativität, mit der sie ihre Gäste immer wieder beeindruckt. Seien es die interessanten Weinmenüs, das überraschende Erlebnis, einmal im Dunkeln zu essen, oder die Verbindung von kulinarischen mit literarischen Events. Im Jahresverlauf lässt sich die Slow-Food-Anhängerin immer wieder Neues einfallen.

Der Blick aus dem Fenster streift über Wiesen, Wald und Felder. Nach einem gelungenen Menü bei Bettina Hofmann lädt der Steigerwald zu ausgedehnten Spaziergängen ein.

Danach können müde Gäste übrigens wohlig in die Kissen sinken. Die Eltern hatten bereits in den 1970er-Jahren den ehemaligen Heustadel zu Fremdenzimmern umgebaut. Als Bettina Hofmann den Betrieb übernahm, merzte sie alle Anklänge an diese Epoche gründlich aus. Die Gästezimmer sind heute modern gestylt, mit viel Raum und Blick ins Grüne. Auch hier zeigt sich wie im gesamten Haus ihr Anspruch an Qualität und ihre puristische Einstellung fernab jeglicher Landhausidylle.

Ausflugstipp

Bettina Hofmann zeigt ihren Gästen gerne den Weg zum Friedleinsbrunnen. Vom Gasthaus sind es rund drei Kilometer bis zu der Lichtung im Wald mit dem kleinen Jagdhaus und dem Brunnen, der einen kleinen, verwunschenen See speist. An diesem Ort scheint die Zeit stehen geblieben, und es lässt sich leicht imaginieren, dass der kleine Brunnen zu Schillers Zeiten schon genauso vor sich hin sprudelte. Eine Inschrift erinnert daran, dass hier oft und gerne die vom Dichterfürsten verehrte Charlotte von Kalb verweilte.

Rehschäufela mit Steinpilz-Weckschmarrn und Wirsingwickel

Als Schäufela bezeichnen die Franken die Schulter eines Tieres. Rehschulter ist im Allgemeinen preisgünstiger als Rehkeule, schmeckt jedoch keineswegs weniger gut.

Für die Rehschäufela:
1 kg Rehschulter | 150 g Karotten | 80 g Knollensellerie | 1 Zwiebel | 500 ml trockener Rotwein | 1 TL weiße Pfefferkörner | 5 Wacholderbeeren | 1 Lorbeerblatt | Salz | 2 EL Pflanzenöl | 1 gestrichener EL Tomatenmark | 500 ml Wildfond | 80 g Butter

Für den Steinpilz-Weckschmarrn:
4 Eier | 6 Semmeln vom Vortag | 400 ml heiße Milch | Salz | frisch geriebene Muskatnuss | 1 große Zwiebel | 1 EL Butter | 500 g frische Steinpilze | 2 EL gehackte Petersilie | 1 TL Butter | 1 EL Semmelbrösel

Für den Wirsingwickel:
1 mittelgroßer Wirsing | 100 g geräucherter Bauchspeck | 1 Zwiebel | 100 g Butter | 500 g Sahne | Salz und Pfeffer aus der Mühle | frisch geriebene Muskatnuss | 1 EL Butter | Semmelbrösel

■ Rehschäufela waschen und trocken tupfen. Die Karotten und den Sellerie schälen und in Würfel schneiden. Die Zwiebel abziehen und in kleine Würfel schneiden. Alles zusammen mit dem Fleisch und dem Rotwein sowie den Gewürzen in eine Plastiktüte geben, verschließen und im Kühlschrank oder im kühlen Keller 1 bis 2 Tage marinieren. Anschließend die Beize abgießen und auffangen, das Fleisch und das Gemüse sorgfältig trocken tupfen.
■ Das Fleisch salzen und in einem Bräter behutsam in Pflanzenöl anbraten. Das Gemüse zufügen und kurz mitbraten. Das Tomatenmark zugeben und weiterrösten. Mit der Beize nach und nach ablöschen. Pfefferkörner, Wacholderbeeren und das Lorbeerblatt zugeben und mit dem Wildfond auffüllen. Den Bräter zudecken und das Fleisch etwa $2^1/_2$ Stunden schmoren.
■ Das Fleisch herausnehmen und warm halten. Den Fond durch ein Sieb passieren. In einem Topf erhitzen und auf etwa ein Drittel reduzieren, nochmals abschmecken und mit kalter Butter binden.

Mit den Produkten der Region und angepasst an die Jahreszeiten zu kochen – und dies zu moderaten Preisen –, das ist das Motto von Bettina Hofmann.

Im Weinkeller des Gasthauses Hofmann ist neben den Frankenweinen noch Platz für internationale Gewächse. Die Wirtin ist auch hier immer offen für Neues.

■ Für den Steinpilz-Weckschmarrn den Backofen auf 180 °C vorheizen.

■ Die Eier trennen. Die Semmeln in Würfel schneiden und mit der Milch übergießen, mit Salz und Muskat würzen.

■ Die Zwiebel abziehen und in sehr kleine Würfel schneiden.

■ Die Butter in einer Pfanne bei leichter Hitze zerlassen und die Zwiebeln sowie die in feine Scheiben geschnittenen Steinpilze anbraten. Die Petersilie unterrühren. Von der Kochstelle nehmen und abkühlen lassen.

■ Anschließend die eingeweichten Semmeln mit den verquirlten Eigelben und der Zwiebel-Pilz-Mischung vermengen.

■ Das Eiweiß sehr steif schlagen und vorsichtig unter die abgekühlte Semmelmasse heben.

■ Vier Förmchen mit der Butter ausstreichen und die Semmelbrösel einstreuen. Die Semmelmasse einfüllen und im heißen Ofen 30 bis 40 Minuten backen.

■ Für den Wirsingwickel den Backofen auf 180 °C vorheizen.

■ Die großen Außenblätter des Wirsings von den dicken Rippen befreien und die Blätter in Salzwasser kurz blanchieren, anschließend in Eiswasser abschrecken. Nebeneinander auf ein Küchentuch legen und trocken tupfen. Den Rest des Wirsingkopfs in schmale Streifen schneiden.

■ Den Speck in Würfel schneiden. Die Zwiebel abziehen und ebenfalls in Würfel schneiden.

■ Die Butter in einer Pfanne bei leichter Hitze zerlassen und die Zwiebeln sowie den Speck anbraten. Den Wirsing hinzufügen, durchrühren und mit Sahne auffüllen. Mit Salz, Pfeffer und Muskat würzen und zugedeckt 10 Minuten schmoren.

■ Die Außenblätter des Wirsings in Form schneiden. Die Wirsingmasse darauf verteilen und zu Rouladen rollen.

■ Die Wirsingwickel in eine Reine oder einzelne Formen setzen und im heißen Ofen 10 Minuten backen.

■ In der Zwischenzeit die Butter in einer kleinen Pfanne aufschäumen und die Semmelbrösel dann etwas »schmurgeln« lassen. Die Wirsingwickel mit den Semmelbröseln einstreichen.
■ Das Fleisch in Scheiben schneiden, auf vorgewärmten Tellern anrichten, mit der Sauce umgießen und mit jeweils einer Portion Weckschmarrn und einem Wirsingwickel servieren.

Holunder-Birnen-Ragout mit Topfensoufflé

Für das Birnen-Holunder-Ragout:
4 reife Williamsbirnen | 100 g Holunderbeeren | 1 Stange Zimt | 2 Gewürznelken | 250 ml trockener Rotwein | 1 EL Zucker | 1–2 TL Speisestärke

Für das Topfensoufflé:
250 g Quark | 120 g Zucker | 20 g feinstes Weizenmehl | 3 Eier, getrennt | 1 TL Vanillezucker | Salz | Schale 1 unbehandelten Zitrone | 280 ml Milch | Butter für die Förmchen | 1–2 EL Puderzucker

■ Die Birnen schälen, vierteln, das Kerngehäuse entfernen und die Birnenviertel in kleine Stücke schneiden.
■ Die Holunderbeeren waschen und von den Stielen befreien.
■ Die Birnen und die Holunderbeeren zusammen mit den Gewürzen, dem Rotwein und dem Zucker ca. 5 Minuten köcheln lassen. Mit der Stärke binden.
■ Für das Topfensoufflé den Backofen auf 180 °C vorheizen.
■ Den Quark mit der Hälfte des Zuckers, dem Mehl, den Eigelben, dem Vanillezucker, 1 Prise Salz, der Zitronenschale und der Milch glatt rühren.
■ Das Eiweiß mit der restlichen Hälfte des Zuckers zu Schnee schlagen und unter die relativ flüssige Quarkmasse mit dem Schneebesen unterrühren.
■ Kleine Portionsförmchen mit Butter ausstreichen und mit Puderzucker einstäuben.
■ Die Förmchen mit der Quarkmasse füllen und im heißen Ofen 20 Minuten backen.

Das Gasthaus Hofmann trägt nicht nur die Hausnummer 1. Es ist auch das erste Haus am Platz. Hier werden Töpfe und Kellen von Profis benutzt.

8

Internationales Flair und bayerische Gastlichkeit

Marianne Holzinger
im Reindl's Partenkirchner Hof

Adresse
Reindl's Restaurant
im Reindl's Partenkirchner Hof
Bahnhofstraße 15
82467 Garmisch-Partenkirchen
Telefon 08821/943870
Fax 08821/94387250
E-Mail: info@reindls.de
Website: www.reindls.de

Öffnungszeiten
Mitte Dezember bis Anfang November täglich 12.00 bis 14.30 Uhr und 18.30–23.00 Uhr

Anfahrt
In Garmisch-Partenkirchen Richtung Partenkirchen und Bahnhof

»Noblesse oblige« könnte man sagen. Die Erbin des international renommierten Hauses fühlt sich der klassischen französischen Küche verpflichtet. Sie wurde mit dem »Woman of the Year Award 2010« der Eurotoques-Stiftung ausgezeichnet.

Reindl's Partenkirchner Hof gehört zweifellos zu den Traditionshäusern, die den Ruf des wohl bekanntesten bayerischen Wintersportortes mitbegründet haben. Das Gästebuch des Fünf-Sterne-Hauses liest sich wie das Who's who aus Politik, Adel, Industrie und Showbusiness. Bayerische Ministerpräsidenten, gekrönte Häupter, Großindustrielle und Künstler genossen und genießen das stilvolle Ambiente des familiengeführten Hotels.

Das Alpenhotel steht ganz in der Tradition großer Häuser, in denen schon Seniorchef Karl Reindl seine Lehr- und Wanderjahre verbrachte. Marianne Holzinger trat sein Erbe als Küchenchefin an. Nach der Lehre im elterlichen Hotel sammelte auch sie in Betrieben in der Schweiz, in England und in Amerika Erfahrungen. Den letzten Schliff holte sich die begeisterte Köchin bei Eckart Witzigmann in dessen Münchner Restaurant Aubergine. Peter Ustinov soll ihre Kartoffelsuppe mit Trüffeln als die beste gelobt haben, die er je gegessen habe.

Nun muss man ehrlicherweise zugeben, mit dem Begriff »Weiberwirtschaft« sind der Partenkirchner Hof und die gehobene Küche von Marianne Holzinger nicht zutreffend beschrieben. Doch wir möchten in diesem Buch die ganze Bandbreite weiblichen Engagements in diesem weiten Feld der Gastronomie zeigen.

Aus dem Jahr 1911 stammt der älteste Teil des Hauses, das ursprünglich einen feinen Spiel- und Tanzsalon im Stil der Belle Époque beherbergte.

Marianne Holzinger regiert und dirigiert eine 18-köpfige Küchenbrigade, denn seinen hervorragenden Ruf verdankt das renommierte Hotel nicht zuletzt der hier bereits seit zwei Generationen gepflegten französischen Küche à la Escoffier. Ihr Vater und erster Lehrmeister ging bei dem großen Alfred Walterspiel im Münchner Hotel Vierjahreszeiten in die Lehre und arbeitete später im legendären Maxim in Paris. Schon als Kind stand die Tochter bei ihm in der Küche, und diese Leidenschaft ließ die älteste von drei Schwestern nie mehr los.

Wäre es nicht opportun gewesen, als Tochter des Hauses das Hotelmanagement, die Rezeption oder den Service zu übernehmen? Das alles hat sie zwar gelernt, sagt Marianne Holzinger, aber sie sorge lieber im Hintergrund für das Wohl der Gäste, weil in der Küche einfach mehr los und die Arbeit viel kreativer sei.

Die beste Wellness-Abteilung des Hotels, so sagt Familie Reindl, sei das Restaurant. Im Wintergarten erwartet die Gäste ein reichhaltiges Frühstück. Daneben können aus einer raffinierten Brasserie-Karte Gerichte für den kleinen Hunger ausgewählt werden.

Heute kocht Küchenchefin Marianne Holzinger für die Mittagskarte im neu angebauten Wintergarten des Hotels von klassisch bayerisch bis mediterran leicht. Sie spielt mit Gewürzen und Aromen und wagt auch ab und zu einen asiatischen Touch. Die hohe Kunst der französischen Küche wird am Abend im gediegenen Restaurant zelebriert. Wenn die Gäste der Richard-Strauss-Festspiele, die Künstler und Organisatoren zur Premierenfeier kommen, gibt es Schnecken, Gänseleberterrine, Bouillabaisse, Steinbutt Albert und Hummer. Es gehört zum Stil des Hauses, dass er lebend aus dem Becken gefangen wird.

Kochen ist im Partenkirchner Hof vererbte Leidenschaft und Hobby. Von der Paté bis zur Patisserie verlässt nur selbst Hergestelltes die Küche. Stilvoll und aufmerksam ist auch der Service des Hauses. Altes Tafelsilber, eine hervorragende Weinauswahl, für die der Ehemann der Küchenchefin verantwortlich zeichnet, und fachkundige Beratung sind Selbstverständlichkeit.

Ein Besuch im Partenkirchner Hof bei Marianne Holzinger weckt Erinnerungen an gute alte Zeiten, als Hotels noch Persönlichkeit hatten. Der Partenkirchnerhof hat sie sich bewahrt.

Ausflugstipp: Schloss Schachen

Das ist das Lieblingsschloss von Marianne Holzinger. Unter den vielen Ludwigsdenkmälern der Umgebung ist ihr dieses Jagdschlösschen auf dem Aussichtspunkt im Wettersteingebirge das liebste. König Ludwig II. diente es als Refugium, und hier, mitten in den bayerischen Alpen, frönte er seiner Orientbegeisterung. Und so überrascht das von außen und im Erdgeschoss noch ganz alpenländisch anmutende Haus im ersten Stock mit einem opulent ausgestatteten Türkischen Saal, der Träume aus Tausendundeiner Nacht wahr werden lässt. Sehenswert ist auch der Alpengarten unweit des Schlosses.

Information über Schloss- und Gartenverwaltung Linderhof, Linderhof 12, 82488 Ettal, Telefon 08822/92030, Infotelefon 08822/920349, Fax 08822/920311, www.schlosslinderhof.de.

Der Partenkirchner Hof wurde bereits mehrfach prämiert. Viele Gäste kommen allein schon wegen der einzigartigen Küche. Marianne Holzinger verwöhnt ihre Gäste in den verschiedenen Stuben des Hotels, aber auch in der Hotelbar Enoteca und in der Kellerbar Tenne.

Carpaccio von Werdenfelser Steinpilzen mit kleinen Medaillons vom Rehrücken

8 große Steinpilze, möglichst mit geschlossenem Kopf | 1 EL Himbeeressig | 2 EL Walnussöl | Salz und Pfeffer aus der Mühle | 4 Rehmedaillons à 60–70 g | einige Feldsalatröschen

■ Die Steinpilze putzen und in sehr feine Scheiben schneiden. Kreisförmig auf dem Teller anrichten.
■ Eine Vinaigrette aus Himbeeressig, Walnussöl sowie Salz und Pfeffer rühren und die Steinpilze mit dem Dressing beträufeln.
■ Die Rehmedaillons mit Salz und Pfeffer würzen und bei mittlerer Hitze auf beiden Seiten in etwa 10 Minuten rosa braten. Ca. 10 Minuten ruhen lassen.
■ In der Mitte des Carpaccios anrichten und mit Feldsalat garnieren.

Im Partenkirchner Hof wird noch ganz traditionell auf Platten serviert. Nymphenburger und Meißner Porzellan, edle Stoffe und wertvolle Antiquitäten gehören zum stilvollen Ambiente des Hauses.

Krautwickerl vom Staffelsee-Zander und Gambas auf Noilly-Prat-Sauce

1 junges Weißkraut (ca. 500 g) | Salz | 200 g Zanderfilet | Cayennepfeffer | 1 TL abgeriebene Schale 1 unbehandelten Zitrone | 2 EL Noilly Prat | 100 g Sahne | 4 große rohe, geschälte Gambas

Für den Pochierfond:
500 ml Geflügelfond | 500 ml Fischfond | 250 ml Weißwein

Für die Sauce:
Noilly Prat und zusätzlich 30 g kalte Butter

Zum Garnieren:
4 sehr fein geschnittene Scheiben Speck

■ Vier große Blätter vom Weißkraut lösen und in Salzwasser blanchieren. Den Strunk herausschneiden und die Blätter auf Küchenpapier trocknen lassen.

■ Das Zanderfilet in den Mixer geben und mit Cayennepfeffer, Zitronenschale und Noilly Prat würzen. Nach und nach die Sahne zugeben. Darauf achten, dass die Zutaten sehr kalt sind, damit die Farce nicht gerinnt.
■ Die Farce auf die Weißkrautblätter streichen, die Gambas in die Mitte legen und einrollen. Die Krautwickerl in Haushaltsfolie wickeln und an beiden Enden zubinden. 15 Minuten im Pochierfond am Siedepunkt pochieren, herausnehmen und warm stellen.
■ 500 ml vom Pochierfond abmessen, erhitzen und auf ein Drittel reduzieren. Mit einem kräftigen Schuss Noilly Prat abschmecken und mit der kalten Butter binden.
■ Die Krautwickerl auf vorgewärmten tiefen Tellern auf der Sauce anrichten und mit knusprig gebratenen Speckstreifen garnieren.

Genießer schätzen die mit wertvollen Antiquitäten ausgestatteten Räume und die internationale Atmosphäre des Hauses. Während der Richard-Strauss-Festspiele trifft sich hier auch gern die Künstlerprominenz.

Hasenöhrl mit Hollerkompott

125 g Mehl | 175 g Quark | 1 Messerspitze Backpulver | 1 TL abgeriebene Schale 1 unbehandelten Zitrone | 400 ml Fett zum Frittieren | 1 reife Birne | 400 g Holunderbeeren | 70 g Zucker | 1 EL Zitronensaft | 2 cl Zwetschgenwasser | 1 EL Puderzucker

■ Mehl, Quark, Backpulver und Zitronenschale zu einem Teig verarbeiten. 3 mm dünn ausrollen und in Rauten schneiden. Die Rauten im Kühlschrank ½ Stunde ruhen lassen. Im schwimmenden Fett bei 180 °C goldgelb ausbacken.
■ Für das Hollerkompott die Birne schälen und das Kerngehäuse entfernen. In feine Scheiben schneiden, mit den Holunderbeeren, dem Zucker und dem Zitronensaft aufkochen. Zum Schluss mit dem Zwetschgenwasser aromatisieren.
■ Die Hasenöhrl auf vorgewärmten Tellern anrichten, mit dem Hollerkompott überziehen und mit Puderzucker bestäuben.

2006

9

Fränkisch mit Fachwerk

Christine Jaeger
im Gasthof zum Falken in Mainbernheim

Feinschmecker aus ganz Deutschland kommen inzwischen nach Mainbernheim, um in dem ehemaligen Brauereigasthof zum Falken unverfälschte und doch feine fränkische Küche zu genießen.

Fachwerkhäuser und Kopfsteinpflaster, eine Atmosphäre wie in längst vergangenen Zeiten und mittendrin ein Bilderbuchgasthof, das ist Mainbernheim. Das mauerbewehrte, alte Markgrafenstädtchen liegt seit jeher etwas im Schatten seiner herausgeputzten Schwester Iphofen. Aber gerade deswegen hat es sich einen besonderen Charme bewahrt.

Wenn man das Stadttor passiert hat und die Hauptstraße Richtung Bärenbrunnen entlanggeht, landet man automatisch vor dem schmucken Gasthof zum Falken. Bis 1957 wurde hier noch eigenes Bier gebraut. Heute liegt das Augenmerk von Wirtin Christine Jaeger mehr auf fränkischem Wein. Klassischer fränkischer Silvaner ist ihre Lieblingsrebsorte, und sie bezieht ihn von den besten Winzern der Gegend. Weinkeller und Speisekarte kommen ganz ohne mediterranen Touch aus – so ist das gewollt. Was die Gäste von weit her in die guten Stuben lockt, sind die unverfälschten fränkischen Speisen, die Feinschmeckerniveau erreichen. Viele Rezepte wurden von Mutter Greta übernommen, die über vierzig Jahre lang die gute Seele in der Küche war und ihren alten Rezepten treu geblieben ist. Tochter Christine kocht so, wie sie das von ihr gelernt hat. Da wird das Wirsinggemüse wie früher klein gehackt, mit Zwiebeln und Butter angeschwitzt, mit Mehl bestäubt und mit guter Brühe aufgegossen. Auch das Meerrettichgemüse kocht sie nach alter Hausfrauentradition, und ihr Kalbsnierenbraten sucht seinesgleichen. Getreu dem fränkischen Motto »Ein Kloß braucht

Adresse
Gasthof zum Falken
Herrnstraße 27
97350 Mainbernheim
Telefon 09323/87280
Fax 09323/872828
E-Mail: info@zum-falken.de
Website: www.zum-falken.de

Öffnungszeiten
Täglich 11.30–23.00 Uhr
Warme Küche 11.30–14.00 Uhr
und 17.30–21.00 Uhr
Di Ruhetag

Anfahrt
A 3 Würzburg–München,
Ausfahrt Kitzingen/Schwarzach,
A 7 Würzburg–Ulm, Ausfahrt
Kitzingen

Der Urgroßvater der jetzigen Eigentümerin, Christine Jaeger, hat das 1819 entstandene Gebäude in Mainbernheims guter Stube, der Herrnstraße, 1870 erworben. Seitdem ist es in Familienbesitz, und seitdem wird hier fränkische Kochkunst mit viel Engagement und auf hohem Niveau zelebriert.

Soß'« gibt es im Falken auf Wunsch immer eine Extraportion Sauce, ob zum Sauer- oder Schweinebraten, zu den Rindsrouladen oder den Wildgerichten.

Küche, Keller, Gaststube – wo es gerade brennt, ist die Chefin da. Doch Einkauf und Organisation sind die eigentlichen Ressorts von Christine Jaeger, die ihren Heimatort gerne als einen begnadeten Fleck Erde bezeichnet. Denn hier findet sie fast alles, was sie braucht, frisch, vor der Haustür. In den Gemüse- und Gärtnerstädtchen Etwashausen und Albertshofen bekommt sie den Salat erntefrisch vom Feld, aus dem nahen Steigerwald bezieht sie Steinpilze, Wild und Gänse. Waller oder Forelle, die traditionell im Wurzelgemüse, gebacken oder blau auf den Tisch kommen, liefert der Fischhändler aus heimischen Gewässern. Auch die Desserts verraten die Liebe zur Heimat: Quittenparfait, Zwetschgenhalbgefrorenes oder Weinschaumcreme.

Die Falkenplatte mit Hausmacherwurst, gemischter Pressack oder Griebenschmalz- und Gansfettbrot gehören zu den Schmankerln, die sich die Gäste in der gemütlichen Stube besonders gerne schmecken lassen.

Der Falken ist mit seiner klaren fränkischen Linie seit Jahren auf Erfolgskurs. Die alte Gaststube ist sorgsam restauriert. Die durchaus gewollte Patina strahlt wohlige Behaglichkeit aus. Stilsicher verzichtet die Falkenwirtin auf überflüssige Schnörkel – in den Gaststuben genauso wie in den 15 Gästezimmern. Ihr besonderer Stolz ist der wunderbare Saal im ersten Stock des Hauses; er stammt aus der Zeit der vorletzten Jahrhundertwende.

Die enthusiastische Opernliebhaberin Christine Jaeger führt ihren Betrieb seit nunmehr 30 Jahren konsequent und erfolgreich. Sie hat es nicht bereut, damals aus New York, wo sie Journalismus studieren wollte, ins Frankenland zurückgekehrt zu sein. Dass sie sich bis heute die Begeisterung für ihren Beruf erhalten hat, mag nicht zuletzt daran liegen, dass sie sich immer wieder kleine Fluchten gönnt: große Reisen und Opernbesuche, wovon die Plakate im ganzen Haus zeugen.

Ausflugstipp: Knauf-Museum in Iphofen

Um den schwarzen Obelisken Nimrud oder Grabstelen aus dem Tal der Könige zu sehen, müsste man normalerweise weit reisen. Im Knauf-Museum in Iphofen kann man 205 Repliken, Glanzlichter berühmter Museen, Nachbildungen aus fünf Jahrtausenden und vier Erdteilen besichtigen. Seit 1983 präsentiert das Museum im ehemaligen fürstbischöflichen Rentamt, einem Barockbau von 1693 im Zentrum von Iphofen, eine einmalige Reliefsammlung aller großen Kulturepochen. Das Museum ist von März bis November geöffnet, montags geschlossen.
Information über Knauf-Museum Iphofen, Am Marktplatz, 97343 Iphofen, Telefon 09323/31528 oder 31625, Fax 09323/5022, www.knauf-museum.iphofen.de

Solange es die Brauerei noch gab (bis 1957), wurden im Falken auch Pferde gehalten.

Fränkische Mostsuppe mit Zimtcroûtons

Für die Suppe:
80 g Butter | 80 g Mehl | 1 l Fleisch- oder Gemüsebrühe | 1 l fränkischer trockener Silvaner | 250 g Sahne | 4 Eigelb | 1 EL Zitronensaft | je 1 Prise Salz und Zucker | Pfeffer aus der Mühle | frisch geriebene Muskatnuss

Für die Croûtons:
4 Scheiben Toast- oder Weißbrot ohne Rinde | 1 gestr. EL Butter | Zimtpulver

■ Aus Butter und Mehl eine helle Mehlschwitze bereiten. Mit Brühe und Weißwein aufgießen und gute 5 Minuten bei leichter Hitze köcheln lassen.
■ Von der Kochstelle nehmen und die Sahne sowie die verquirlten Eigelbe unterrühren. Mit Zitronensaft und je einer Prise Salz, Zucker, Pfeffer und Muskat würzen. Die Suppe darf dann nicht mehr kochen!
■ Das Brot in kleine Würfel schneiden. Die Butter in einer Pfanne zerlassen und die Brotwürfel rundum bräunen. Mit dem Zimt bestäuben.
■ Die Suppe in vorgewärmten tiefen Tellern anrichten und mit den Zimtcroûtons bestreuen.

10

Die Pferdeflüsterin am Herd

Sigrid Kamm
im Kamm-Bräu in Zenting

Adresse
Kamm-Bräu
Bräugasse 1
94579 Zenting
Telefon 09907/89220
Fax 09907/892231
E-Mail: info@kamm-braeu.de
Website: www.kamm-braeu.de

Öffnungszeiten
Kein Ruhetag
Reservierung erwünscht

Anfahrt
A3 Regensburg–Passau, Ausfahrt Iggensbach, über die Landstraße durch die Orte Schöllnach, Taiding und Riggerding bis nach Zenting

Hier steht eine Wirtin am Herd, die mit weiblicher Intuition kocht. Die frischen regionalen und saisonalen Köstlichkeiten von Sigrid Kamm locken auch viele Städter in den Bayerischen Wald.

Wäre sie ein Mann, man würde sie als Naturburschen bezeichnen: Sigrid Kamm, die Pferdenärrin, Kräuterfrau, Mutter und Zauberin am Herd. Ihr erster und letzter Weg am Tag führt zu ihren Pferden. Zwischendurch kümmert sie sich um Küche, drei Kinder, Wald und 15 Fischweiher. Auf dem Weg zu den Weihern sammelt sie schnell ein paar Pilze, pflückt Kräuter am Wegrand und eilt wieder an den Herd.

Seit 1880 ist das Gasthaus im Besitz der Familie Kamm. In dem großen ehemaligen Klostergebäude des Kamm-Bräu gibt es viel Platz und neben behaglichen, holzvertäfelten Stuben auch ein barockes Kellergewölbe, das für besondere Veranstaltungen genutzt wird. Die Sterneküche hat sie schon immer interessiert, gesteht die gelernte Köchin. Doch nach einem kurzen Ausflug in die Haute Cuisine zu Otto Koch nach München beschloss sie ziemlich schnell, ihr »eigenes Süppchen« zu kochen. Die männerdominierte Sternegastronomie war nicht »ihr Ding«, sagt sie. Vielleicht hätte sie sich trotzdem noch auf die eine oder andere Erfahrung eingelassen. Das wolle sie nicht ausschließen. Aber als der Vater krank wurde, bat die Mutter sie, für ein Vierteljahr zu Hause auszuhelfen. Daraus sind inzwischen elf Jahre geworden, und die robuste Köchin hat längst ihren eigenen Stil gefunden.

Nach dem Tod des Vaters übernahm Sigrid Kamm den Betrieb und gestaltete ihn nach ihren Vorstellungen. Im Biergarten hinterm Haus wuchern Blumen und Kräuter, in den Hochbeeten ge-

Bier wird im Kamm-Bräu keines mehr gebraut. Das liefert heute die Brauerei Hacklberg, Passau.

deihen einheimische und exotische Salate. Die patente Niederbayerin macht aus der Not eine Tugend: Anstatt für jedes frische Kraut nach Deggendorf oder Passau zu fahren, baut sie die Kräuter selbst an. Die Gäste kommen inzwischen von weit her, nicht zuletzt wegen ihrer ausgefallenen Salatkreationen mit Kräutern und Blüten. Auch die Fische aus den eigenen Weihern, die sie extensiv nur für den Eigenbedarf bewirtschaftet, könnten frischer nicht sein. Stammgäste haben das Privileg, ihre Forelle zum Abendessen selbst zu fischen.

Alles, was die Region hergibt, verarbeitet Sigrid Kamm in ihrer Küche, in der sie übrigens meist allein steht. Ihre Lieblingsprodukte sind: frische Schwammerl, Obst und einheimisches Wild, Ziegenkäse von der Nachbarin und Fleisch vom Metzger am Ort.

Ein Tag, der mit dem exzellenten Frühstück der Kamm-Wirtin beginnt, mit frisch gepressten Säften und selbst gemachten Marmeladen, kann eigentlich nur Gutes bringen.

Wer einmal in Zenting war – und da kommt man wahrlich nicht zufällig hin –, kehrt immer wieder bei der Kamm-Wirtin ein, die noch tatkräftig von ihrer Mutter unterstützt wird. Die Gästezimmer sind hübsch eingerichtet. Reiter, Radler und Wanderer oder einfach nur müde Großstädter, die frische Luft und Ruhe genießen wollen, sind hier bestens aufgehoben.

Ob im Winter oder im Sommer, Sigrid Kamm verwöhnt ihre Gäste mit dem Geschmack der Jahreszeiten. Und wenn man die Kamm-Wirtin nach einem 14-Stunden-Tag fragen würde, welchen Beruf sie ergreifen würde, wenn sie noch einmal ganz von vorn anfangen müsste, würde sie bestimmt antworten: Köchin. Das ist der Beruf, der ihr in die Wiege gelegt wurde.

Ausflugstipp: Schloss Egg

Die kleine Märchenburg, in der die Wirtin vom Kamm-Bräu ihre Lehrjahre verbrachte – damals übrigens noch unter der Leitung einer Frau –, sollte man in jedem Fall besuchen. In den ehemaligen Stallungen und Wirtschaftsgebäuden ist ein Hotelgasthof untergebracht. Die Burg, die auf einem kleinen Hügel thront, kann besichtigt werden und lässt Kinderträume wahr werden.

Jungrinderbraten mit fruchtiger Holundersauce

1 kg Schulterbraten, pariert, von einem höchstens 1 Jahr alten Jungrind | Salz und Pfeffer aus der Mühle | 2 EL Butterschmalz | 100 g Karotten | 50 g Knollensellerie | 80 g Lauch | 100 g Zwiebelwürfel | 250 ml Portwein | 750 ml kräftige Rinderbrühe oder Rinderfond | milder Rotweinessig | 1 Lorbeerblatt | 5 Wacholderbeeren | 1 TL Koriandersamen | 1 TL schwarze Pfefferkörner | 1 Rosmarinzweig | 300 g Holunderbeeren | 50 g Mehl | 50 ml Sherry

■ Das Fleisch mit Salz und Pfeffer einreiben. In einem Schmortopf das Butterschmalz zerlassen und das Fleisch rundum bei starker Hitze anbraten.

■ Die Karotten und den Sellerie schälen und in kleine Würfel schneiden. Den Lauch sorgfältig waschen, längs halbieren und in feine Scheiben schneiden.

■ Alles zusammen mit den Zwiebeln zum Fleisch geben und ebenfalls kräftig anrösten.

■ Mit dem Portwein ablöschen und mit der Brühe auffüllen. Einen Spritzer Essig und die Gewürze sowie den Rosmarinzweig zufügen und etwa $1^1/_4$ Stunden schmoren.

■ Die Holunderbeeren waschen und verlesen. In den Schmortopf mit dem Fleisch geben und 10 Minuten zusammen mit dem Fleisch köcheln lassen.

■ Die Sauce mit dem Mehl bestäuben und nach Bedarf nochmals mit Brühe aufgießen.

■ Die Sauce durch ein Sieb passieren. Mit Sherry sowie Salz und Pfeffer abschmecken.

■ Das Fleisch in Scheiben schneiden und auf vorgewärmten Tellern anrichten. Sigrid Kamm reicht dazu Fingernudeln (siehe Text zum Bild auf Seite 119) und frisches Gemüse nach Saison.

Exquisite Salate wie die von Sigrid Kamm sucht man sonst vergebens in der Sonnenwaldregion, in deren Wäldern die Schwammerl wachsen.

11

Vererbte Leidenschaft

Evelyn Körner
im Gasthof Körner in Bad Kissingen

Ein Schmuckkästchen hat Evelyn Körner aus dem alteingesessenen Gasthof gemacht. Viel Liebe zum Detail in Küche und Ausstattung lassen sofort die weibliche Hand erkennen. Inmitten dieser fränkischen Gemütlichkeit fühlen sich Einheimische genauso wohl wie Kurgäste und Opernstars.

Jeder, der das aus den 1920er-Jahren stammende Wirtshaus betritt, spürt die angenehme Atmosphäre. Es sind hier, wie in vielen anderen Weiberwirtschaften auch, besonders die Details, die für sich sprechen: warme Farben, hübsche Tischdekorationen, frische Blumen, akkurat gefaltete Servietten, passende Kerzen. Das alles lässt die Liebe der Wirtin zu ihrem Beruf erkennen.

Die Leidenschaft für Küche und Wirtshaus, die hat Evelyn Körner ganz eindeutig vom Vater geerbt. Seit 1890 gibt es das Gasthaus, das sie heute in der vierten Generation führt. Aus dem Dorfwirtshaus mit Metzgerei machte sie einen Landgasthof mit Stil, in dem sich alle wohl fühlen: Cecilia Bartoli, eine der führenden Künstlerinnen im Bereich der klassischen Musik, die sich nach den Konzerten im Kissinger Sommer zu später Stunde noch gerne mit Pasta verwöhnen lässt, genauso wie die treuen Arnshäuser, die ihre Evelyn lieben und deren gute Küche schätzen.

Fränkisch deftig mit mediterranem Einschlag gibt sich die Landhausküche, gerade wie es der Chefin beliebt und den Gästen schmeckt. Ob es die Nudeln mit Bröselich (Semmelbrösel) zum fränkischen Hochzeitsessen sind oder kross gebratener Zander auf mediterranem Gemüsebett, der Gasthof Körner ist zu jeder Jahreszeit eine Adresse für Genießer. Auf der Karte stehen in der kalten Jahreszeit knusprig gebratene Enten und Gänse und Wild von der

Adresse
Gasthof Körner
Iringstraße 5–7
97688 Bad Kissingen-Arnshausen
Telefon 0971/2809
Fax 0971/7851520
E-Mail: info@gasthof-koerner.de
Website: www.gasthof-koerner.de

Öffnungszeiten:
Täglich 11.00–14.00 Uhr und
18.00–23.00 Uhr
Mo und Di Ruhetage

Anfahrt
A 7 Fulda–Würzburg, von Norden kommend Ausfahrt Bad Kissingen/Oberthulba, von Süden kommend Ausfahrt Hammelburg

Das große schmiedeeiserne Wirtshausschild, das weit in die Hauptstraße im Bad Kissinger Vorort Arnshausen hineinragt, lädt die Vorbeifahrenden zum Halten ein.

Neben der gemütlichen Gaststube und dem prunkvollen Saal gibt es auch noch eine Weinscheune, in der die Gäste feiern können.

Jagd des Lebensgefährten. Im Frühjahr gibt es frischen fränkischen Spargel. Prima Fleischküchle, Spanferkel und Bratwurstsalat schmecken rund ums Jahr, aber besonders gut im Sommer im lauschigen Biergarten.

Ideen und den Feinschliff holte sich die gelernte Hotelfachfrau durch verschiedene Küchenpraktika, unter anderem bei Alfons Schuhbeck. Den Produkten ihrer Heimat ist sie so weit wie möglich treu. Das lässt auch die gepflegte Weinkarte erkennen, die fast ausschließlich fränkische Erzeugerabfüllungen anbietet.

Die Küche im Gasthof Körner ist paritätisch besetzt mit drei Männern und drei Frauen. Die Chefin persönlich lässt es sich nicht nehmen, auch mit am Herd zu stehen, besonders wenn das Haus voll ist. Hochzeitsfeiern in dem wunderschönen alten Wirtshaussaal, den sie liebevoll und mit Geschmack restauriert und wieder mit Leben erfüllt hat, richtet die Vollblutwirtin ganz besonders gerne aus.

Neben ihrem Gasthof führt die Fränkin auch noch ein kleines nettes Hotel in der Kurzone von Bad Kissingen. Und das alles, obwohl sie ja eigentlich gar keine Wirtin werden wollte. Krankenschwester war ihr Traumberuf. Auf jeden Fall »etwas Soziales« wollte sie machen. Heute amüsiert sie sich darüber und meint: »Irgendwie bin ich ja auch so etwas Ähnliches geworden, denn ein Wirtshaus zu führen, das hat viel mit Psychologie zu tun.«

Ausflugstipp: Die KissSalis Therme

Nach einem ausgedehnten Spaziergang in den Kurparks von Bad Kissingen und einem guten Essen im Gasthof Körner sollte man in der neuen Thermenlandschaft von Bad Kissingen die Seele baumeln lassen. In dem lichtdurchfluteten, architektonisch wunderschönen Raum genießt man herrliche Ausblicke. Für das eigene Wohlbefinden ist alles vorhanden: Erlebnisduschen, Aromadampfbäder, Saunalandschaft, Soleinhalationen, Solarien, Ruheräume, modernste Wellness- und Fitnesseinrichtungen. Für Romantiker empfiehlt sich ein Kaiserinnenbad, bei Kerzenschein, zu zweit in einer goldschimmernden Badewanne …

Fleischküchle mit Schafmäule (Feldsalat)-Kartoffel-Salat

Für die Fleischküchle: 100 g Toastbrot mit Rinde | 100 ml lauwarme Milch | 1 Zwiebel | 1 EL Olivenöl | 30 g Butter | 1/2 Tasse gehackte glatte Petersilie | 2 Knoblauchzehen | 500 g Schweinehackfleisch | 2 Eier | Salz und Pfeffer aus der Mühle | getrockneter Majoran | getrockneter Thymian | 2 EL Butterschmalz

Für den Salat: 1 kg festkochende Kartoffeln | 1 EL Kümmel | 500 ml Gemüsebrühe | 1 Tasse Zwiebelwürfel | 4 EL Weißweinessig | 1 EL Zucker | 1 TL mittelscharfer Senf | 1 TL Gemüsemeerrettich aus dem Glas | Salz und Pfeffer aus der Mühle | 4 EL Olivenöl | 2 Handvoll Schafmäuleröschen (fränkisch für Feldsalat) | 1 Tomate, gewürfelt | 1 hart gekochtes Ei in Scheiben | Schnittlauchröllchen

■ Für die Fleischküchle das Toastbrot in kleine Würfel schneiden, in eine Schüssel geben und die Milch darübergießen.
■ Die Zwiebel abziehen und in kleine Würfel schneiden.
■ Das Öl und die Butter in einer Pfanne erhitzen und die Zwiebeln zusammen mit der Petersilie anschwitzen.
■ Die Knoblauchzehen abziehen und in kleine Würfel schneiden. Das Hackfleisch mit den Brotwürfeln, der Zwiebelmasse und den Eiern vermengen. Knoblauch, Salz und Pfeffer sowie Majoran und Thymian dazugeben. Mit angefeuchteten Händen kleine Laibchen formen. Das Butterschmalz in einer Pfanne zerlassen und die Fleischlaibchen bei mittlerer Hitze auf beiden Seiten braten.
■ Die Kartoffeln in reichlich mit Kümmel versetztem Salzwasser weich kochen, abgießen und abkühlen lassen. Anschließend in Scheiben schneiden.
■ Die Brühe erhitzen und die Zwiebeln blanchieren. Essig, Zucker, Senf, Meerrettich sowie Salz und Pfeffer dazugeben. Noch warm über die Kartoffelscheiben geben.
■ Zum Schluss das Olivenöl über den Kartoffelsalat träufeln, die Schafmäuleröschen (einige für die Garnitur beiseitestellen) untermengen.
■ Die Fleischküchle zusammen mit dem Schafmäule-Kartoffel-Salat anrichten und mit ein paar Schafmäuleröschen, Tomatenwürfeln, Eischeiben und Schnittlauchröllchen garnieren.

Den großen Wirtshaussaal hat Evelyn Körner restauriert und damit wieder zu neuem, stilvollem Leben erweckt.

12

Bio vom Feinsten

Christl Kurz
im Biohotel Kurz in Berchtesgaden

Adresse
Biohotel Kurz
Locksteinstraße 1
83471 Berchtesgaden
Telefon 08652/9800
Fax 08652/980222
E-Mail info@biohotel-kurz.de
Website: www.biohotel-kurz.de

Öffnungszeiten
Kein Ruhetag
Täglich Brunch 8.00–12.00 Uhr
Abendessen 18.00–24.00 Uhr

Anfahrt
A 8 München–Salzburg,
Tauernautobahn, Ausfahrt
Salzburg-Süd, anschließend
B 305 bis Berchtesgaden

Hier ist eine Pionierin der vegetarischen und gesunden Küche am Werk. Christl Kurz ging unbeirrt ihren Weg und hat viel dazu beigetragen, dass sogenannte »gesunde Kost« heute so köstlich schmeckt.

Über 25 Jahre war Bischofswiesen der Ort, an den ihre Fans pilgerten. Seit 2010 hat das Biohotel eine neue Adresse: Locksteinstraße 1 in Berchtesgaden. Christl Kurz ist in das Haus ihrer Großeltern zurückgekehrt. Zehn Jahre hat sie gemeinsam mit ihrer Tochter Gabi das 500 Jahre alte Anwesen sorgsam renoviert.

Wer die Adresse nicht kennt, findet das neue Biohotel nicht. Von außen deutet nichts darauf hin, dass sich hinter den dicken Mauern des alten Bauernhauses eine der besten Adressen für vegetarische Kochkunst verbirgt. »Klein, aber fein«, lautet das neue Motto von Christl Kurz, die hier nur noch zwei bezaubernde und außergewöhnlich geräumige Gästezimmer anbietet. Jetzt ist nicht nur das Essen, sondern auch das Schlafen »biologisch«. Denn das Haus wurde zu 100 Prozent baubiologisch saniert.

Wie nun begann Christl Kurz, die Pionierin der vegetarischen Ernährung? Sie machte Salate, erzählt sie, und die Nachbarin fragte, ob sie denn mal mitessen dürfe, dann kam die Freundin der Nachbarin und wiederum deren Freundin, und im Nu entstand bei Christl Kurz eine vegetarische Mittagstafel, woraus sich ihr heutiges Restaurant und ihre Kochschule entwickelten.

Das Haus Locksteinstraße 1 liegt an einem magischen Platz. Lockstein, sagt die Hausherrin, das kommt von der keltischen Gottheit Loki und deutet auf einen Kultplatz hin. »Kultig« ist auch der ebenerdige Empfangsraum mit dicken Holzbalken, umlaufenden Sitzbänken und einem Kamin. Von dort führt eine steile Holztreppe ins gemütliche Wohnzimmerrestaurant. Zu jedem Menü

Der Name Christl Kurz ist ein Begriff für vollendete Koch- und Backkunst kulinarischer Vollwertkost. Seit Kurzem hat die Spitzenköchin ihr Refugium in einem alten, schmucken Haus in Berchtesgaden.

Der Mensch lebt nicht vom Brot allein … Auch der Raum, in dem er sich aufhält, in dem er isst und trinkt, sagt Christl Kurz, muss Wohlfühlcharakter haben.

gehört bei Christl Kurz inzwischen eine Kochvorführung. Die Gäste dürfen zuschauen, wie die einzelnen Gänge zubereitet werden.

Die vegetarische Vollwertküche der Christl Kurz ist eine Philosophie, die man am besten in einem ihrer Kochkurse kennenlernen sollte. »Am Anfang gab's meist nur Aufläufe«, erinnert sie sich und erzählt, wie schwer es war, biologische Produkte in guter Qualität zu bekommen. Heute liefern Spezialfirmen alle Zutaten in die biozertifizierte Küche, und Christl Kurz kreiert daraus ihre Gourmetmenüs: zum Beispiel Vitaminsalat mit Rosmarinbrot, Tomatenpolenta mit Orangenfenchel, Auberginenröllchen mit Rosmarinkartoffeln und Geranium-Panna-cotta mit Granatapfel und Rosenblütenhonig. Viele Kräuter und Gemüse erntet die Bioköchin in ihrem Mauergarten, den sie dem Steilhang hinter dem Haus abgerungen hat. Unendlich viele Stufen führen hinauf. Aber der Aufstieg lohnt sich nicht nur wegen der Aussicht. Immer wieder stößt man auf idyllische Sitzplätze, von denen aus man einen fantastischen Blick auf die grandiose Bergwelt hat.

Mit leuchtenden Augen und voller Stolz erzählt Christl Kurz die märchenhafte Erfolgsstory ihrer Tochter Gabi. Die junge Bio-Spitzenköchin, die jahrelang ihre Mutter unterstützte, wagte den Sprung »von der Wiese in die Wüste«. Dort reüssierte sie erst als Küchenchefin und jetzt als Verantwortliche für vegetarische Küche in den unzähligen Restaurants der Nobel-Hotelkette Jumeirah. Daher weht auch ein Hauch von Tausendundeiner Nacht durch das alte Berglerhaus in Berchtesgaden.

Ausflugstipp

Interessant ist eine »Salz-Zeitreise« ins Salzbergwerk Berchtesgaden. In diesem neu gestalteten Erlebnisbergwerk entdeckt man die Welt des weißen Goldes. Staunend stehen die Besucher in der Salzkathedrale, blicken in den tief unter der Erde liegenden Spiegelsee und erfahren im Salzlabor alles über die Speisesalzgewinnung. Information über www.salzzeitreise.de.

Gebratene Artischockenböden auf Toast

4 Artischockenböden | 4–6 EL Olivenöl | 1 Knoblauchzehe in Scheiben | einige Zweige Thymian oder Zitronenthymian | 2 gehäutete, entkernte Tomaten, in Würfelchen geschnitten | Salz und Pfeffer aus der Mühle | 4 Scheiben Vollkorntoast, getoastet

■ Die Artischockenböden in schmale Streifen schneiden.
■ Das Olivenöl in einer Pfanne erhitzen und die Artischocken zusammen mit dem Knoblauch und dem Thymian kurz anschwitzen. Die Tomaten zufügen und mit Salz und Pfeffer würzen.
■ Heiß auf den Toastscheiben anrichten.

Immer noch verbinden heute Uneingeweihte mit dem Wort Vollwertküche Gerichte, die zwar gesund sind, aber nicht unbedingt gut schmecken müssen. Falsch gedacht! Selbst ein einfacher Toast mit dem entsprechenden Belag ist nicht nur ein elegantes Zwischengericht oder ein leichtes Sommerabendessen. Durch die Kombination der Zutaten ist er zudem gesund.

»Kochen ist in erster Linie eine kreative Tätigkeit. Sie erfordert Fantasie, Einfühlungsgabe und gedankliche Auseinandersetzung mit der Materie. Somit hat Kochen, gutes Kochen, unbedingt etwas mit Liebe zu tun, mit Lebensfreude und Lebensqualität.« ***Christl Kurz***

Verschiedene gefüllte Gemüse auf Tomatenschaum

4 Tomaten
Füllung: 100 g Blattspinat oder Mangold, sorgfältig verlesen und gewaschen | 40 g Schafskäse | 1 Handvoll in Streifen geschnittene Basilikumblätter |1 EL Olivenöl | Himalaja-Kristallsalz und Pfeffer aus der Mühle

1 mittelgroße Zucchini
Füllung: 1 kleine Karotte, geschält und in kleine Würfel geschnitten | 2 EL Crème fraîche | Himalaja-Kristallsalz und Pfeffer aus der Mühle | 2 Zweige Dill, fein geschnitten |1 EL Olivenöl

4 Zwiebeln
Füllung: 6 Salbeiblätter, in Streifen geschnitten |1 Vollkornsemmel, in Würfel geschnitten | 2 EL Butter | frisch geriebene Muskatnuss | 2 EL Sahne, steif geschlagen | Himalaja-Kristallsalz und Pfeffer aus der Mühle |1 EL Olivenöl

4 mittelgroße Kartoffeln, ungeschält, nur gewaschen
Füllung: $^{1}/_{4}$ kleine Sellerieknolle, geschält und in Würfelchen geschnitten | 1 Karotte, geschält und in Würfelchen geschnitten | 4 Zweige Zitronenthymian | 2 EL Crème fraîche | Himalaja-Kristallsalz und Pfeffer aus der Mühle |1 EL Olivenöl

Für den Tomatenschaum:
3 Tomaten | 125 ml Wasser | 1 TL Pfeilwurzelmehl | Himalaja-Kristallsalz und Pfeffer aus der Mühle | 2 EL Sahne, steif geschlagen

■ Die Gemüse vorbereiten: Bei den Tomaten am Stielansatz einen Deckel abschneiden, das Innere aushöhlen und für die Sauce aufbewahren.
■ Die Zucchini in vier gleich große Stücke schneiden und aushöhlen. Das Innere für die Füllung klein schneiden.
■ Von den Zwiebeln jeweils am Schopfende einen Deckel abtrennen. Die Zwiebeln abziehen und aushöhlen. Das Innere für die Füllung klein schneiden.
■ Von den Kartoffeln ebenfalls einen Deckel abschneiden und aushöhlen. Das Innere für die Füllung klein schneiden.

■ Die ausgehöhlte Zucchini, Zwiebeln und Kartoffeln im Dampf nicht zu weich garen, ebenso das Kartoffelinnere zusammen mit dem Sellerie und der Karotte für die Kartoffelfüllung. Den Spinat im Dampf kurz zusammenfallen lassen.
■ Für die Kartoffelfüllung alle Zutaten vermengen und einfüllen. Den rohen Deckel aufsetzen und mit wenig Olivenöl bestreichen.
■ Für die Zucchinifüllung das Olivenöl in einer Pfanne erhitzen und die Karottenwürfel zusammen mit den Zucchinistücken anschwitzen. Wenn sie gar sind (Probe machen!), die restlichen Zutaten unterrühren und einfüllen.
■ Für die Zwiebelfüllung die Butter in einer Pfanne bei leichter Hitze zerlassen und das klein geschnittene Innere mit dem Salbei anschwitzen. Nacheinander die Semmelwürfel und die restlichen Zutaten dazugeben. Einfüllen und den rohen Deckel aufsetzen. Mit Olivenöl bestreichen.
■ Für die Tomaten den Spinat mit den restlichen Zutaten vermengen und einfüllen. Den Deckel aufsetzen und mit Olivenöl bestreichen.
■ Den Backofen auf 200 °C vorheizen. Das Gemüse auf ein mit Butter ausgestrichenes Backblech setzen und kurz vor dem Anrichten 10 Minuten im heißen Ofen garen.
■ Den Tomatenschaum herstellen: Die Tomaten, das Innere der gefüllten Tomaten mit dem Wasser im Mixer pürieren und durch ein feines Sieb passieren. Mit dem Pfeilwurzelmehl aufkochen und mit Salz und Pfeffer würzen. Kurz vor dem Anrichten die geschlagene Sahne marmoriert unterziehen.
■ Die Gemüse auf vorgewärmten Tellern anrichten und mit dem Tomatenschaum überziehen. Mit Basilikum, Dill oder Zitronenthymian dekorieren.

Gemüse, Salate und Obst nennt Christl Kurz die »Sonnenlichtesser«. Frei nach Steiner wirken die einzelnen Gemüse unterschiedlich auf die einzelnen Organe. Damit gehört zu einer ganzheitlichen Versorgung des Körpers eine wohl durchdachte Ausgewogenheit der Speisen.

Wassermelonensorbet

600 g Wassermelone ohne Schale und Kerne | 100 g Akazienhonig | 1 Vanilleschote | Saft 1 Limone | 1 Zweig Pfefferminze und 1 Zweiglein pro Person zum Verzieren

■ Alle Zutaten in der Küchenmaschine pürieren, durch ein Sieb passieren und in einer Eismaschine ca. 30 Minuten gefrieren lassen. In hohe, vorgekühlte Gläser füllen und mit einem Minzezweig dekorieren.

13

Zu den fröhlichen Lebzelterinnen

Ingrid Lehner und Irmi Ostermünchner im Altstadthotel Bad Griesbach in Bad Griesbach

Wer die etwas ursprünglichere Dorfatmosphäre des alten Griesbach dem in den 1970er-Jahren entstandenen Retortenbad vorzieht, der nimmt im Altstadthotel Quartier. Moderne und Tradition sind hier zum Wohl des Gastes vereint. Und wer einmal Oma Ostermünchners Apfelstrudel gekostet hat, der kommt immer wieder.

Das stattliche Lebzelterhaus im Zentrum von Bad Griesbach war schon eine feste Größe, bevor aus dem niederbayerischen Dorf ein Kur- und später ein Golfzentrum wurde. Lebkuchen, Kerzen und Bier haben hier Tradition. Heute ist in dem 340 Jahre alten Gebäude das kleine, aber feine Altstadthotel untergebracht, geführt von den Schwestern Ingrid Lehner und Irmi Ostermünchner.

Wenn man auf dem Stadtplatz angekommen ist, dann fragt man am besten einfach nach den Golden Girls, und man wird mit Sicherheit ins Altstadthotel geschickt. Die beiden Inhaberinnen, »gstandne bayerische Weibsbilder«, wie man hier sagt, besitzen einen goldenen Humor. Den Spitznamen verdanken sie aber auch der Dritten im Bunde: Oma Ostermünchner. Obwohl hochbetagt, steht die alte Dame noch täglich in der Küche und backt Apfelstrudel, Millirahmstrudel, Auszogne und Datschi – Mehlspeisen, die jeden Kurgast sämtliche guten Vorsätze vergessen lassen. Die Töchter schätzen ihre Hilfe, denn die Aufgaben haben sich die drei Damen gut aufgeteilt. Irmi kümmert sich ums Restaurant und pflegt als Hobby die Familiengeschichte. Ingrid ist für die Büroorganisation und die launige Unterhaltung der Gäste zuständig. Die Küche ist bodenständig und bietet bayerische Schmankerl, Leichtes und Deftiges, alles aus heimischen Ställen und Gewässern. Und natürlich nicht zu vergessen: Omas Mehlspeisen.

Adresse
Altstadthotel Bad Griesbach
Sparkassenstraße 6
94086 Bad Griesbach im Rottal
Telefon 08532/96220
Fax 08532/962216
E-Mail:
info@altstadthotel-griesbach.de
Website:
www.altstadthotel-griesbach.de

Öffnungszeiten
Täglich 11.00–23.00 Uhr
Mi Ruhetag

Anfahrt
A 3 Deggendorf–Passau, Ausfahrt Garham/Vilshofen, Richtung Vilshofen und Bad Griesbach

Die beiden Schwestern Ingrid Lehner (auf der linken Seite rechts) und Irmi Ostermünchner nehmen das Leben mit Humor.

Auf die Vorfahren ist man im Lebzelterhaus besonders stolz, und sie werden in Ehren gehalten.

Die beiden Hotelfachfrauen lernten ihr Handwerk von der Pike auf. 1992 übergab ihnen der Vater den Betrieb. Das Haus wurde von grundauf modernisiert. Anstelle des alten Bräuhauses entstand das Hotel mit geräumigen, elegant und sehr geschmackvoll ausgestatteten Gästezimmern. Wie das 130 Jahre alte Lebzelterhaus und der Hotelneubau ergänzen sich auch in den Räumen Antiquitäten und modernes Design.

Im Lebzelterhaus war man schon immer en vogue. Wo jetzt Datschi und Schweinebraten serviert werden, wurde in den 1950er- und 1960er-Jahren nach den neuesten Hits das Tanzbein geschwungen. Es war die Ära der Tanzcafés, und das »Metropol« von Vater Ostermünchner war weit über Griesbach hinaus bekannt.

Die Vorfahren der Familie haben ihren Ehrenplatz in der Ahnengalerie des Lebzeltercafés. Dort kann man bei einem Stück Zwetschgendatschi dem berühmtesten Ostermünchner ins Gesicht schauen. Karl, hieß er, auch der Bräu von Griesbach genannt. Ein wichtiger Vertreter des Geschlechts und Niederbayerns, denn er war 1848 bei der Gründung des deutschen Reichs in der Frankfurter Paulskirche dabei.

Langeweile ist nicht die Sache der Lebzelterinnen in Bad Griesbach – dafür sorgen sie übrigens auch mit ihren ideenreichen Spezialangeboten das ganze Jahr über.

Altes Handwerk: Die Lebzelterei

Lebzelterei und Kerzenzieherei gehörten früher zusammen. So auch im Griesbacher Lebzelterhaus. Aus dem Bienenwachs wurden Kerzen gezogen und mit dem Honig Lebzelter gebacken. Von Lebkuchen unterscheiden sie sich vor allem in den Zutaten: Lebkuchen werden mit Zucker, Lebzelter hingegen ausschließlich mit Honig und Sirup sowie mit Wal- und Haselnüssen gebacken. Die Nürnberger Konditoren stellten einst den Antrag an die Innung, ein Gebäck, das dem Lebzelten ähnlich ist, auf den Markt bringen zu dürfen. Das war die Geburtsstunde des Lebkuchens. Erst als Zucker billiger wurde als Honig, überrundete der Lebkuchen den althergebrachten Lebzelter.

Ausflugstipp: Grongörgen

Was so skandinavisch anmutet, ist eine kleine Wallfahrtskirche, ein niederbayerisches Kleinod der Spätgotik. Im barock geprägten Niederbayern ist dieses mittelalterliche, dem heiligen Georg geweihte Gotteshaus eine Rarität. Besonders wertvoll sind die original gotischen Glasfenster. Die Kirche liegt gut ausgeschildert zwischen Bad Griesbach und Bad Birnbach. In Grongörgen kann man einen der bedeutendsten Pferdeumritte Niederbayerns erleben.

Lebzelters Gänsekeule mit Lebkuchensauce

4 Gänsekeulen | Salz und Pfeffer aus der Mühle | 2 EL Butterschmalz | 1–2 Stangen Lauch | 120 g Knollensellerie | 4 Karotten | 500 ml trockener Rotwein | 1 Rosmarinzweig | 500 ml Geflügelfond | 2 Lorbeerblätter | 1 TL getrockneter Thymian | 1 TL getrockneter Majoran | 250 g Lebkuchen ohne Glasur | Portwein nach Belieben

■ Den Backofen auf 150 °C vorheizen.
■ Die Gänsekeulen kräftig mit Salz und Pfeffer würzen. Das Butterschmalz in einem großen Schmortopf zerlassen und die Gänsekeulen rundum kräftig anbraten. Anschließend beiseitestellen; wenn nötig, Fett abschöpfen.
■ Den Lauch sorgfältig waschen und den weißen Teil in feine Scheiben schneiden. Den Sellerie und die Karotten schälen und in kleine Würfel schneiden. In dem Topf, in dem die Gänsekeulen angebraten wurden, anschwitzen. Mit dem Rotwein ablöschen. Die Rosmarinnadeln hacken und zusammen mit den Gewürzen dazugeben.
■ Die Keulen auf das Gemüse legen, den Geflügelfond angießen und im heißen Ofen etwa 1 ¾ bis 2 Stunden schmoren. Anschließend die Keulen warm halten.
■ Das Gemüse durch ein Sieb passieren und die Schmorflüssigkeit um die Hälfte reduzieren. Die zerbröselten Lebkuchen in die Sauce einrühren und aufkochen lassen. Nochmals abschmecken und nach Belieben mit einem Schuss Portwein aromatisieren.
■ Die Gänsekeulen auf vorgewärmten Tellern anrichten und mit der Sauce überziehen. Als Beilage schmecken Kartoffelknödel und Blaukraut.

Oma Ostermünchner, die Mutter der beiden Schwestern, ist noch immer aktiv. Täglich bäckt sie die köstlichsten Mehlspeisen wie Millirahmstrudel, Kirschenmichl, Blechkuchen oder Dampf- und Rohrnudeln.

14

Natur pur im Bayerischen Wald

Edith Mejstrik
im Zwieseler Waldhaus in Zwieslerwaldhaus

Was verschlägt eine gebürtige Schweizerin in den tiefsten Bayerischen Wald? Ihre Liebe zur Natur. Der klare Stil und die ruhige Art von Edith Mejstrik passen gut hierher. Und auch die bayerische, böhmische und Schweizer Küche gehen eine gelungene Allianz zum Wohl des Gastes ein.

Früher, zu Zeiten des Eisernen Vorhangs, war hier die Welt zu Ende, und noch früher stand das Zwieseler Waldhaus auf böhmischem Boden. Finsteres Gesindel, Waldarbeiter, Holzfäller, Schmuggler und Spieler frequentierten das Gasthaus, das als das älteste im Bayerischen Wald gilt. In der jüngeren Vergangenheit gehört wohl Bertolt Brecht, der als Wanderer hier einkehrte, zu den prominentesten Gästen des Zwieseler Waldhauses.

Interessant ist die Geschichte, wie es die gebürtige Aargauerin Edith Mejstrik aus der Schweiz in den tiefsten Bayerischen Wald verschlagen hat. Erst spielte die Liebe eine Rolle. Und dann: Das Tal, der Weiler, die ganze Gegend haben es ihr einfach angetan, sagt Edith Mejstrik. Besonders auch die zugeknöpften Waldler seien ihr ans Herz gewachsen.

Seit 2004 ist das älteste Wirtshaus im Bayerischen Wald eine Weiberwirtschaft. In der Küche steht zwar ein Koch aus Böhmen, das übrige Personal aber ist ausschließlich weiblich. Böhmisch-bayerisch mit Schweizer Touch – das ist die grenzübergreifende Küche des Zwieseler Waldhauses, das auch für sein Umweltengagement mehrfach ausgezeichnet wurde. Böhmische Knödel, bayerische Ente und Schweizer Apfelkuchen – diese Spezialitäten lieben Wanderer genauso wie Skifahrer. Denn hier, mitten im Nationalpark Bayerischer Wald, ist rund ums Jahr Saison.

Adresse
Zwieseler Waldhaus
Zwieslerwaldhaus 28–30
94227 Zwieslerwaldhaus
Gemeinde Lindberg
Telefon 09925/902020
Fax 09925/902021
E-Mail:
info@zwieselerwaldhaus.de
Website:
www.zwieselerwaldhaus.de

Öffnungszeiten
Täglich 8.00–24.00 Uhr;
nach den bayerischen Herbstferien bis 20. Dezember nur für Gruppen nach Anfrage geöffnet

Anfahrt
B 11 Zwiesel–Bayerisch Eisenstein, 1,5 km nach Ludwigsthal, rechts nach Zwieslerwaldhaus

Wären nur alle Häuser im Bayerischen Wald so sensibel und so liebevoll restauriert wie das Zwieseler Waldhaus!

Wenn Mauern erzählen könnten! In der Stube würden Wanderer und Wintersportler so manch geheimnisvolle Geschichte aus früherer Zeit erfahren.

Anfang der 1990er-Jahre entstand neben dem damals maroden Wirtshaus ein Aparthotel mit 100 Betten. Schnell stellte sich heraus, dass sich die Gäste lieber verwöhnen lassen wollten, und so sanierte die Baugesellschaft das alte Gasthaus, das Edith Mejstrik grundlegend renoviert übernahm. Auch wenn von dem alten Haus nur mehr die Grundmauern und ein paar Balken existieren, so hat das Gasthaus trotzdem Flair. Nicht zuletzt ist es der Stilsicherheit der Betreiberin zu verdanken, die es versteht, ohne viel Schnickschnack eine angenehme Atmosphäre zu schaffen.

Ihrem liebsten Hobby, dem Schwammerlsuchen, kann die Schweizerin in den Wäldern vor ihrer Haustür nach Herzenslust nachgehen. Für ihre zweite Leidenschaft, das Motorradfahren, bleibt der Wirtin, sehr zu ihrem Bedauern, wenig Zeit. Eine kleine Entschädigung dafür bieten die Gäste. Viele Motorradfahrer beziehen hier Quartier, und wenn es am Abend in der Stube recht gemütlich und zünftig zugeht, wenn sie ihr berühmtes Pfandlessen auftischt mit Ente, Haxe und Sauerkraut, dann hat auch Edith Mejstrik ihren Spaß.

Die sportlich-legere Gastwirtin liebt die bunte Mischung ihrer Gäste. Als Mutter von sportbegeisterten Söhnen kennt sie einerseits die finanzielle Belastung der Eltern und andererseits genauso den Ehrgeiz der jungen Burschen und Mädchen, die Leistungssport betreiben. Da ist es für sie Ehrensache, die Jugend zu unterstützen. Wenn der Langlaufnachwuchs des Bayerischen Skiverbandes ins Trainingslager kommt, dann werden die Jugendlichen mit einer Extraportion Pasta verwöhnt.

Ausflugstipps

Das Zwieseler Waldhaus an sich ist schon ein Auflugstipp. Der Nationalpark Bayerischer Wald beginnt unmittelbar hinter dem Haus. Im Winter findet man 35 Kilometer gespurte Loipen direkt vor der Tür, ebenso verschiedene markierte Wanderwege für den Rest des Jahres. Edith Mejstrik empfiehlt auch das fünf Kilometer entfernte »Haus zur Wildnis« in Ludwigsthal, das Besucherzentrum des Nationalparks mit Tier-Freigelände und Steinzeithöhle.

Die Schweizerin Edith Mejstrik stellt ein typisches »Freitagsessen« aus ihrer Heimat vor:

Käsewähe

Für eine runde Form mit einem Durchmesser von 24 cm

Für den Teig:
150 g Mehl | 3 g Salz | 75 g Butterschmalz | 4 EL Wasser

Für den Belag:
300 g Schweizer Greyerzer oder reifer Bergkäse | 1 kleine Zwiebel | 200 g Sahne | 3 Eier | Salz und Pfeffer aus der Mühle | frisch geriebene Muskatnuss

■ Den Backofen auf 180 °C vorheizen.
■ Aus dem Mehl, Salz, Butterschmalz und Wasser einen geschmeidigen Teig herstellen. 30 Minuten ruhen lassen.
■ Den Teig 3 mm dick mit dem Nudelholz ausrollen und die Kuchenform damit auslegen. Dabei einen Rand von 2 cm lassen. Den Rand einmal umschlagen und mit einer Gabel festdrücken, um eine schöne Form zu erhalten. Den Teigboden mit der Gabel mehrmals einstechen.
■ Für den Belag den Käse und die Zwiebel reiben. Beides mit der Sahne und den Eiern vermengen und mit Salz, Pfeffer sowie Muskat würzen. In die mit dem Teig ausgelegte Form einfüllen und die Wähe im heißen Ofen auf der unteren Schiene 35 bis 40 Minuten goldbraun backen.
■ Die Wähe in Stücke schneiden und warm servieren.
Dazu passt ein grüner Salat.

In der Schweiz serviert man traditionell eine Apfelwähe nach der Käsewähe. Auch die gehört zu den Spezialitäten der Schweizer Wirtin.

goldmarie

15

Weniger ist mehr

Petra Mirwald, Karin Stüwe und Julia Schneider in der Goldmarie in München

Adresse
Goldmarie
Schmellerstraße 23
80337 München
Telefon 089/51669272
E-Mail:
post@goldmarie-muenchen.de
Website:
www.goldmarie-muenchen.de

Öffnungszeiten
Mo–Fr 12.00 –24.00 Uhr
Sa 18.00–24.00 Uhr
So Ruhetag

Anfahrt
München Zentrum, U3/U6
U-Bahn-Haltestelle Poccistraße,
Ausgang Zenettistraße

Es war einmal eine ganz normale Wirtschaft im Münchner Schlachthofviertel, eine Traditionswirtschaft, die ihre glanzvollen Zeiten längst hinter sich hatte. Dann kamen drei fleißige Münchner Mädels und machten aus dem alten »Schmellerhof« ein schönes, schlichtes Gasthaus mit feiner, frischer Küche.

Ein Märchen? Nein, viel Arbeit haben die drei engagierten Frauen in ihr Wirtshausprojekt gesteckt, daher der Name Goldmarie, der ursprünglich nur als Arbeitstitel vorgesehen war. Um ihren Traum vom eigenen Wirtshaus zu realisieren, mussten sie so fleißig sein wie die Goldmarie im Märchen von Frau Holle – erzählen sie. Keine der Frauen kommt aus der Gastronomie, aber alle drei sind sich einig, dass sie darin ihre Erfüllung gefunden haben.

Julia Schneider ist die Köchin im Team. Mit ihrer dunklen Lockenmähne könnte sie aus Sizilien stammen. Auch ihre Vorliebe für mediterrane Gerichte ließe es vermuten. Aber sie ist ein echtes Münchner Kindl, und die Liebe zum Kochen hat sie vom Vater geerbt, einem passionierten Hobbykoch. Bevor jedoch bei ihr aus der Passion eine Profession wurde, studierte sie Sozialpädagogik, arbeitete in verschiedenen Projekten, auch in verschiedenen Küchen und absolvierte ihren Köchinnenabschluss »extern«. Das alles hat sie neben Kindern und Familie geschafft, genauso übrigens wie ihre Mitstreiterinnen, die sich um Organisation und Service kümmern. Zusammen haben die drei Wirtinnen der Goldmarie sieben Kinder, über die sie zusammengefunden haben: Petra Mirwald, die Schneiderin, und Karin Stüwe, die wie Julia Schneider Sozialpädagogin ist. Alle drei haben sie neben ihren eigentlichen Berufen immer in der Gastronomie gearbeitet, und bevor sie sich selbstständig machten, ihre Teamfähigkeit in einem Haidhausener Gasthaus erprobt, in dem sie gemeinsam arbeiteten.

Linke Seite und oben: die guten Geister in der Goldmarie. Von links: Julia Schneider, Karin Stüwe und Petra Mirwald.

Die Goldmarie: pur, schlicht, ohne Chichi – und doch mit ganz viel Seele. Eine Wohlfühloase in unmittelbarer Nähe der Münchner Großmarkthalle.

Die Goldmarie ist »pommesfreie Zone«. Stattdessen gibt es eine täglich wechselnde Karte mit frisch zubereiteten, saisonalen Speisen: Artischocke mit Zitronenvinaigrette im Mai, Sellerie-Apfel-Salat mit Petersilie und Kapern im Dezember, Klassiker wie Maultaschen mit verschiedenen Füllungen, Schweinebraten, Südtiroler Kasnocken oder Palatschinken stehen immer auf der Tageskarte – genauso wie geröstetes Bauernbrot mit verschiedenem Belag. Das eignet sich als kleine Vorspeise, aber auch zu einem Glas Wein, der in der Goldmarie ebenfalls von ausgesuchter Qualität ist.

Das Wort *saisonal* nimmt Köchin Julia Schneider sehr ernst. Tomaten kommen ihr im Winter nicht auf den Tisch, von Kirschen, Aprikosen oder Erdbeeren ganz zu schweigen. Sie besorgt die Einkäufe täglich selbst. »Ein bisschen wie die Made im Speck« fühle sie sich, sagt sie, denn die Goldmarie befindet sich in unmittelbarer Nähe des »Bauchs von München«. Der Münchner Gemüsegroßmarkt mit seiner Überfülle an Angebot ist genauso nah wie der Schlachthof. Julia Schneider kennt ihre Händler und bevorzugt regionale Produkte, wenn möglich in Bioqualität. Doch das ist kein Dogma. Schließlich sollen die Preise so sein, dass man sich ein Essen in der Goldmarie leisten kann. Das Publikum ist deshalb so, wie es sich die Wirtinnen wünschen: bunt gemischt – Ältere, Jüngere, Familien mit Kindern und Pärchen, die sich ein schönes Menü leisten. Seitdem die Goldmarie mittags geöffnet hat, kommen auch gerne Herren im Anzug aus den umliegenden Büros. Manchmal gibt es auch einen großen Familientisch für die Kinder und Männer der drei Wirtinnen. Denn ohne deren Unterstützung und Verständnis, das wissen sie zu schätzen, gäbe es, und wären sie noch so fleißig, wahrscheinlich keine Goldmarie.

Ausflugstipp

Wer sich die Großmarkthallen anschauen möchte, kann einfach durch das Fußgängertor hineinspazieren. Führungen werden für Gruppen angeboten oder über die VHS München. Rundgänge durch das Schlachthofviertel bietet auch die Organisation Statt-Reisen an. Informationen unter www.stattreisen-muenchen.de.

Topfen-Marillenknödel

500 g Quark | 3 Eigelb | 70 g Puderzucker | abgeriebene Schale und Saft 1 Zitrone | Mark 1 Vanilleschote | 1 Prise Salz | 200 g Semmelbrösel | 6 Aprikosen | 6 Stück Würfelzucker

■ Den Quark mit Eigelben, Puderzucker, Zitronenabrieb und -schale, Vanillemark und Salz verrühren. Die Semmelbrösel unterrühren und 10 Minuten ziehen lassen.
■ Die Aprikosen entkernen und anstelle des Kerns einen Würfelzucker in jede Aprikose legen.
■ Das Wasser zum Kochen bringen und mit Zucker und Salz würzen. Die Knödel formen. In die Mitte eines jeden Knödels eine mit Würfelzucker gefüllte Aprikose legen. Die Knödel vorsichtig ins kochende Wasser legen und ziehen lassen. Nachdem die Knödel an die Oberfläche gestiegen sind, noch einige Minuten in dem siedenden Wasser ziehen lassen.

Gefüllte Zucchiniblüten in Weinteig

6 Zucchiniblüten | 200 g Ricotta | Basilikum | frisch geriebener Parmesan | abgeriebene Schale 1 unbehandelten Zitrone | 1 Spritzer Zitronensaft | Salz und Pfeffer aus der Mühle | frisch geriebene Muskatnuss

Für den Teig:
140 g Mehl | 125 ml Weißwein (alternativ Prosecco) | 2 Eigelb | 2 EL Olivenöl | Salz und Zucker | 2 Eiweiß | Salz | Öl zum Ausbacken

■ Die Zucchiniblüten waschen, den Stempel herausbrechen und die Blüten leicht öffnen.
■ Die Zutaten für die Füllung gut vermischen und mit den Gewürzen abschmecken. Die Füllung mit einem kleinen Löffel vorsichtig in die Blüten geben und die Blütenblätter darum herum verschließen.
■ Mehl, Wein, Eigelbe, Olivenöl, Salz und Zucker zu einem glatten Teig verrühren. Kurz ruhen lassen.
■ In der Zwischenzeit die Eiweiße mit einer Prise Salz steif schlagen. Den Eischnee vorsichtig unter den Teig heben. Die gefüllten Blüten einzeln in den Teig tauchen und in heißem Öl goldbraun ausbacken. Auf Küchenpapier abtropfen lassen.

Ein Lieblingsgericht in der Goldmarie: Topfen-Marillenknödel, die in gerösteten Butterbröseln und mit Puderzucker bestreut serviert werden. Zur Zwetschgenzeit werden daraus Zwetschgenknödel.

16

Luthertrunk und jahrhundertealte Brautradition

Kerstin Pilarzyk im Braugasthof Grosch in Rödental

Adresse
Brauerei Grosch
Oeslauer Straße 115
96472 Rödental
Telefon 09563/7500
Fax 09563/750147
E-Mail: info@der-grosch.de
Website: www.der-grosch.de

Öffnungszeiten
Täglich 7.30–23.00 Uhr

Anfahrt
A 73 Suhl–Coburg, Ausfahrt Coburg/Rödental, Richtung Neustadt, nach ca. 3 km auf der rechten Seite

Wer den Jahreslauf in Bieren kennenlernen möchte, sollte bei Kerstin Pilarzyk einkehren. Zu jeder Jahreszeit wird das entsprechende Bier gebraut, und die Küche bietet die passenden Schmankerl dazu. Berühmt ist der Brauereigasthof für sein unfiltriertes, bernsteinfarbenes Lutherbier und seine gutbürgerliche fränkische Küche.

Gastronomischer Mittelpunkt des Ortes Rödental ist der 500 Jahre alte Braugasthof Grosch.

Schon 1425 wird zu Oßleyn eine Schankstatt erwähnt, die 1492 ein Braurecht bekommt. Dieses Braurecht wird noch heute im Gasthof Grosch in Rödental vor den Toren Coburgs ausgeübt. Das Herz der aus verschiedenen Gemeinden zusammengewürfelten Stadt, in den Ausläufern des Thüringer Waldes gelegen, ist der ehemalige Ort Oeslau. Dessen Mittelpunkt ist der schmucke Brauereigasthof mit seiner über 500-jährigen Tradition. Heute liegt er an der verkehrsreichen B 4, früher verlief hier die bedeutende Handelsstraße von Nürnberg nach Leipzig. Wer weiß, vielleicht kehrte auch Martin Luther in dem Gasthaus ein, als er sich 1530 mehrere Monate auf der nahen Veste Coburg aufhielt. Der erste Anstich des Luthertrunks war jedenfalls ein Ereignis, von dem Hausherrin Kerstin Pilarzyk (2001 hat sie die Leitung des Hauses von den Eltern übernommen) schwärmt. Das süffige, unfiltrierte Biobier wurde zur 515-Jahr-Feier des Braurechts ihres Stammhauses eingeführt. Dazu, erzählt die rührige Hotelfachfrau, gab es ein Lutherbüffet bei Kerzenschein, mit Speisen wie zu Luthers Zeiten – und das alles zur Erbauung von 500 geladenen Gästen.

Klein, klein entspricht nicht der Tradition im Hause Grosch. Die geräumigen alten Gaststuben sind mittags und abends voll,

Die geräumigen alten Gaststuben sind jeden Tag mittags und abends voll. Eine der vielen Bierspezialitäten ist der süffige helle Bock mit 17 Prozent Stammwürze und 7 Prozent Alkohol.

das Bier fließt in Strömen zu deftig Fränkischem: Sauerbraten, Wild, Rouladen, Gänsebrust und Thüringer Klößen. Im Grosch werden die Klöß noch selbst hergestellt, traditionell, aus gekochten und rohen Kartoffeln und dann mit nassen Händen »reingebatscht« ins Wasser. Dazu passt hervorragend ein Fuhrmannsbraten, ein knuspriger Schweinebraten mit Dunkelbiersauce.

Der Fuhrmannstrunk ist eine weitere Bierspezialität des Hauses, in dem der Jahreslauf von den verschiedenen Biersorten bestimmt wird. Das »Bierjahr« beginnt im Herbst, zur Kirchweih, mit dem Bockbieranstich, der mit 1000 Gästen gebührend gefeiert wird. Der helle Bock schmeckt besonders zu hausgemachtem Treberbrot und Griebenschmalz. Im Frühjahr folgt dann das leichte Erntebier, das von März bis Oktober in die Krüge fließt. Das ganze Jahr über Saison haben Pilsner, Fuhrmannstrunk, das unfiltrierte Zwickelbier und, als jüngstes Kind des Braumeisters von Kerstin Pilarzyk, der Malztrunk, der nach altem Rezept gebraut in der Bügelflasche ausgeschenkt wird. Daraus entsteht in der Küche die herbsüße Malzcreme als beliebtes Dessert.

Für Brauerei und Küche hat Wirtin Kerstin Pilarzyk kompetente Fachleute engagiert. Ihr Metier ist der Service, der Kontakt mit den Gästen liegt ihr am meisten. Für die Familie, bedauert die zweifache Mutter, bleibt nicht viel Zeit. »Alles eine Frage der Organisation«, sagt sie. Wäre Kerstin Pilarzyk nicht umtriebige Wirtin des Brauereigasthofes, sie würde wohl Manager coachen oder Verbrecher jagen. Das hätte sie sich als Beruf auch vorstellen können.

Ausflugstipp: Schloss Rosenau

Das Geburtshaus von Prinz Albert, dem Prinzgemahl von Queen Victoria von England, inmitten des herrlichen englischen Parks erreicht man vom Brauereigasthof aus bequem zu Fuß. Man kommt an der renommierten Porzellanfabrik Goebel, dem Stammhaus der Hummelfiguren, vorbei. Die Räume des Schlosses sind als Museum zugänglich, in der ehemaligen Orangerie kommen Freunde von schönem Glas auf ihre Kosten. Information über Schloss- und Gartenverwaltung Coburg, Schloss Rosenau, Rosenau 1, 96472 Rödental, Telefon 09563/308410, Fax 09563/308429, www.sgvcoburg.de.

Thüringer Klöße

1,75 kg mehlig kochende Kartoffeln | Salz | Kartoffelstärke (nach Bedarf)

■ 1 kg Kartoffeln in der Schale weich kochen. Die restlichen Kartoffeln schälen und roh reiben. In einem Säckchen diese Masse sorgfältig auspressen, in eine Schüssel geben und salzen.
■ Die gekochten Kartoffeln schälen, zu einem dicken Brei pürieren und zum Kochen bringen. Den Kartoffelbrei in zwei Portionen teilen und heiß nacheinander zur rohen Kartoffelmasse geben. Dabei jeweils kräftig rühren, besser noch: schlagen. Falls die Masse zu wenig fest ist, etwas Kartoffelstärke zufügen.
■ Klöße formen und im siedenden Wasser ziehen lassen. Darauf achten, dass die Hände beim Arbeiten immer feucht sind. Wenn die Klöße an die Oberfläche steigen, mit einem Schaumlöffel herausnehmen und sorgfältig abtropfen lassen.
»Zu einem Thüringer Kloß gehört viel Soß« oder, wie die Rödentaler auch sagen, *Brüh*.

Apfelküchle

Für ca. 30 Stück
200 g Mehl | 150 g Zucker | 250 ml Milch oder Bier | 3 EL Sonnenblumenöl | 2 Eigelb | Salz | 2 Eiweiß | 6 Äpfel, vorzugsweise Boskop | 2 EL Puderzucker | 400 ml Backfett | 10 g Zucker | 1 gestr. TL Zimtpulver

■ Das Mehl in eine Schüssel sieben. Zucker, Milch (bzw. Bier), Öl, die Eigelbe und eine Prise Salz dazugeben und rasch glatt rühren, damit der Teig nicht zäh wird. Die Eiweiße zu Schnee schlagen.
■ Die Äpfel schälen, das Kerngehäuse entfernen, in etwa $^1/_2$ cm dicke Ringe schneiden und mit etwas Puderzucker bestreuen.
■ Den Eischnee unter den Ausbackteig heben, die Apfelscheiben durch den Ausbackteig ziehen und im schwimmenden Fett goldbraun backen.
■ Zucker und Zimt vermengen. Die Apfelküchle mit dem Schaumlöffel herausheben, kurz auf Küchenpapier abtropfen lassen und im Zimtzucker wenden. Auf vorgewärmten Tellern anrichten.

In Rödental wird nicht nur gerne Bier getrunken. Nie ausgehen dürfen auch die Thüringer Klöße. Den Unterschied zu bayerischen Knödeln muss Kerstin Pilarzyk ihren Gästen immer wieder erklären: »Wenn man den bayerischen Kartoffelknödel an die Wand wirft, kommt er zurück, der Thüringer Kloß bleibt kleben und rutscht die Wand hinunter, daher auch der Name ›Rutschige‹.«

17

Tafeln und tagen im Allgäu

**Maria Platz
im Landhotel Adler in Martinszell**

Adresse

Landhotel Adler
Illerstraße 10
87448 Martinszell
Telefon 08379/920700
Fax 08379/920727
E-Mail: info@adler-martinszell.de
Website: www.adler-martinszell.de

Öffnungszeiten

Täglich 7.00–22.00 Uhr

Anfahrt

A7 Ulm–Füssen bis Dreieck Allgäu, anschließend A 980 Richtung Lindau bis Ausfahrt Waltenhofen, sodann B19 Richtung Oberstdorf bis Abfahrt Martinszell

Tagungsgäste haben das Landhotel im Allgäu als einen ihrer Lieblingsplätze gekürt. Es besticht durch Ruhe, Komfort und individuellen Service. Das wissen auch andere Gäste zu schätzen, die den Adler als zentral gelegenen Ort für sportliche oder kulturelle Aktivitäten im Allgäu wählen.

Breit und behäbig blickt der Adler auf sein Gegenüber, den Kirchturm. Kirche und Wirtshaus, ein über Jahrhunderte gewachsenes Ensemble, bilden hier in Martinszell noch den Mittelpunkt des Dorfes, so wie es früher üblich war zu Füßen des Grünten. Der »Wächter des Allgäus« erhebt sich im Hintergrund, und um das Dorf Martinszell herum erstrecken sich grüne Matten, durch die sich die Iller schlängelt.

»Hoffentlich sperrt der Adler nicht zu«, beten die Martinszeller, sonst schaut's finster aus im Dorf. Aber es gibt keinen Grund zur Sorge. Der Adler leuchtet. Jeden Abend brennen die Lichter in der Gaststube, und im wunderschönen Biergarten flackern bunte Lämpchen. Wie viele Reisende hier schon Rast gemacht haben? Die alten Kastanienbäume, vor allem aber die meterdicken Mauern des Gasthauses könnten so manche Geschichte erzählen.

Seit über 500 Jahren ist der Adler der Dorfmittelpunkt, zunächst als Amtshaus, Münzpräge und Gericht und seit 1743 als Wirtschaft mit Tavernenrecht. Der Doppeladler im Hauswappen deutet darauf hin, dass sich die früheren Besitzer unter die Schirmherrschaft der Erzherzöge von Tirol begaben, um sich gegen die kemptnerische Landeshoheit zu wehren. »Seit 1847 haben wir eine durchgehende Chronik«, erzählt Maria Platz stolz. Sie führt die Weiberwirtschaft fort, die ihre Mutter begonnen hat. Diese musste den Betrieb aus der

Stilvolle, alpenländisch eingerichtete Gästezimmer und lichte Tagungsräume machen den Adler zum beliebten Tagungshotel.

Der Vater der jetzigen Hausherrin war nicht nur Gastwirt und Metzger, sondern auch ein begabter Musikant. Hier, in der guten Stube des Adler, wurde so manches Fest gefeiert.

Not heraus übernehmen, da der Vater früh verstarb und sie mit einem Haufen Schulden und zwei Töchtern allein zurückließ.

40 Jahre lang meisterte die Mutter die Aufgabe, bis vor sieben Jahren ihre jüngste Tochter den Gasthof in Alleinregie übernahm. Mit professioneller Hand managt Betriebswirtin und Hotelfachfrau Maria Platz nun Familienleben und Beruf. Das Dorfwirtshaus baute die selbstbewusste, alleinerziehende Mutter zu einem anerkannten Tagungshotel um.

Die Lage im lieblichen Allgäuer Voralpenland macht den Adler auch am Wochenende zum attraktiven Anziehungspunkt für Sportler und Kurzurlauber, die von hier aus zu Biketouren starten, wandern, golfen oder Ausflugsfahrten unternehmen, sei es zu den nahe gelegenen Königsschlössern oder an den Bodensee. Die Küche bietet, was das Allgäu hergibt, jahreszeitlich und regional.

Als die Adlerwirtin gefragt wurde, welche drei Dinge sie auf eine einsame Insel mitnehmen würde, antwortete sie spontan: einen Container voll besten Rotweins, eine große Kiste mit guter Literatur und einen interessanten Mann. Der ist inzwischen im Landhotel Adler eingezogen – ein Golflehrer. Er ist nicht nur für Maria Platz ein Gewinn, sondern auch für die golfbegeisterten Gäste des Hauses, die der Chef jetzt persönlich zum Greenfee begleitet.

Ausflugstipp: Bauernhofmuseum Illerbeuren

Das älteste Freilichtmuseum im süddeutschen Raum ist zwar eine Dreiviertelstunde entfernt, aber mit all seinen Attraktionen, Veranstaltungen und Ausstellungen unbedingt einen Ausflug wert. Auf dem weitläufigen Gelände im lieblichen Illerwinkel mit vielen alten Bauernhöfen und zwei urigen Gasthäusern kann man einen ganzen Tag verbringen und in die bäuerliche Kultur vergangener Zeiten eintauchen. Information über Schwäbisches Bauernhofmuseum Illerbeuren (mit Schwäbischem Schützenmuseum), Museumstraße 8, 87758 Kronburg, Telefon 08394/1455, Fax 08394/1454, www.bauernhofmuseum.de.

Carpaccio von Roter Bete mit in Kräutern marinierten Pfifferlingen

4 Rote Bete | Salz | 125 g frische Pfifferlinge | 3 Zweige Rosmarin | 1 Bund glatte Petersilie | 1 Bund Basilikum | 1 Knoblauchzehe | 2 EL Aceto balsamico | 5 EL Olivenöl | 40 g gehobelter Allgäuer Parmesan

■ Rote Beten in Salzwasser garen. Anschließend abgießen, die Knollen abziehen und abkühlen lassen.
■ Die Pfifferlinge putzen (nicht waschen!) und vierteln. Die Kräuter waschen und trocken schütteln. Die Blätter von den Stängeln zupfen und fein hacken. Die Knoblauchzehe abziehen und in feine Scheiben schneiden.
■ Aus Aceto balsamico, Öl, Knoblauch und den Kräutern eine Marinade rühren und die Pfifferlinge einlegen.
■ Rote Beten in feine Scheiben schneiden und kreisförmig auf dem Tellerrand anordnen. Die Pfifferlinge in die Mitte geben. Mit der Marinade beträufeln und mit den Parmesanspänen bestreuen.

Gekräuterte Krebse

1 Zwiebel | 1 Karotte | 20 g Ingwer | $^1/_2$ Bund glatte Petersilie | 1 Knoblauchzehe | 2 EL Olivenöl | 1,5 kg Flusskrebse | 4 cl Cognac | 50 ml trockener Weißwein | 2 EL Tomatenmark | 1 Bouquet garni aus Thymian, Petersilie und Lorbeerblatt | Salz und Pfeffer aus der Mühle

■ Die Zwiebel und die Karotte schälen und in sehr kleine Würfel schneiden. Den Ingwer schälen und reiben. Die Petersilie waschen und trocken schütteln. Die Blätter von den Stängeln zupfen und fein hacken. Die Knoblauchzehe abziehen und durch die Knoblauchpresse drücken.
■ Das Öl in einer Pfanne erhitzen und die Zwiebeln sowie die Karotten anschwitzen. Die Krebse zufügen und bei mittlerer Hitze anbraten. Den Cognac zugeben, anzünden und flambieren. Mit dem Wein ablöschen und das Tomatenmark sowie das Bouquet garni zugeben. Mit Salz und Pfeffer würzen und 15 bis 20 Minuten köcheln lassen.
■ Das Bouquet garni entfernen. Knoblauch, Ingwer und Petersilie unterrühren. Auf vorgewärmten Tellern anrichten und zusammen mit bunten Blattsalaten und Baguette servieren.

Die Küche im Adler lässt sich immer wieder etwas Besonderes einfallen. So stehen neben typisch Allgäuer Gerichten oft auch internationale Spezialitäten auf der Karte.

18

Die Kräuterfee vom Altmühltal

Andrea Ponschab
im Gasthaus Beckerwirt in Böhmfeld

Wenn eine Kräuterpädagogin am Herd steht, dann darf man interessante, aufregende Kreationen erwarten. Andrea Ponschab versteht es, die Aromen der Natur auf den Teller zu zaubern. Ihre Blüten- und Kräuterspezialitäten überzeugen auch verwöhnte Gaumen.

Der Beckerwirt in Böhmfeld ist ein Dorfwirtshaus mit Tradition. Schon seit dem Jahr 1591 besitzt er das Schankrecht, und seit Mitte des 19. Jahrhunderts schenkten die Vorfahren von Andrea Ponschab hier am Rande des Altmühltals Bier aus. Haupterwerb war jedoch immer die Landwirtschaft. Das galt auch noch, als die heutige Wirtin mit ihren beiden Geschwistern der Mutter zwischen den Beinen herumwuselte, wenn diese am Sonntag für die Gäste aufkochte.

In den 1970er-Jahren fiel das alte Wirtshaus wie viele andere Häuser in Böhmfeld der Abrissbirne zum Opfer. Das Schankrecht ruhte. Erst als die letzte Kuh aus dem Stall verkauft war, beschloss die Familie, doch wieder ins Gastgewerbe einzusteigen. Mit Holz aus dem eigenen Wald wurde der ehemalige Kuhstall zum gemütlich-rustikalen Wirtshaus umgebaut, das auch Platz für Feste und Veranstaltungen bietet. Im Getreidestadel entstanden Gästezimmer, und den Betrieb übernahmen die Geschwister Josef, Maria und Andrea Beck.

Weshalb der Beckerwirt trotzdem eine Weiberwirtschaft ist? Ganz einfach, Bruder, Vater und der Ehemann von Andrea Ponschab konzentrieren sich auf die verbliebene Landwirtschaft. Das Wirtshaus ist allein die Domäne der Frauen. In der Küche waltet Kräuterfee Andrea, unterstützt von Mutter Emmi, und für den

Adresse
Gasthaus Beckerwirt
Hauptstraße 15
85113 Böhmfeld
Telefon 08406/91242
Fax 08406/91243
E-Mail: info@beckerwirt.de
Website: www.beckerwirt.de

Öffnungszeiten
Di–Do: 17.00–24.00 Uhr
(für Gruppen ab 10 Personen nach vorheriger Reservierung auch mittags geöffnet)
Fr/Sa: 11.30–24.00 Uhr
So und Feiertage:
9.30–24.00 Uhr; Küche 11.30 bis 14.00 Uhr und 17.30–21.00 Uhr
Mo Ruhetag

Anfahrt
A 9 Nürnberg–München, Ausfahrt Lenting, über Wettstetten und Echenzell nach Böhmfeld; gegenüber der Kirche

»... natürlich speisen in Böhmfeld«. So heißt das Motto des Beckerwirts, und dafür steht er. Inzwischen ist er als Biolandbetrieb zertifiziert.

Nicht nur das ungeschminkte, vertrauenswürdige familiäre Klima gefällt den Gästen im Beckerwirt. Auch das geschmackvolle Ambiente der Räumlichkeiten ist Ausdruck der Lebensart der Gastfamilie.

Service zeichnet eine Diplomgeografin verantwortlich. Keine alltägliche Ausbildung für eine Servicekraft, aber Maria, die Schwester von Andrea Ponschab, gefällt der Kontakt mit den Gästen.

Beim Beckerwirt kehren nicht mehr nur Einheimische und Ingolstädter gerne ein. Inzwischen gilt das Gasthaus auch den Lesern des *Feinschmecker*-Magazins als lohnenswerte Adresse. Die feine Kräuterküche von Andrea Ponschab wurde hier schon wiederholt gelobt.

Der Kräutergarten, direkt neben dem schattigen Biergarten, ist Andreas Hobby, genauso wie das Sammeln von Wildkräutern. Zum kalten Braten serviert die Kräuterpädagogin selbst eingelegte Löwenzahnknospen. Selbstgemachtes wie Senf, Marmeladen, Kräutertees und Liköre aus Andreas Schatztruhe nehmen die Gäste gerne als kleines Andenken an ihren Aufenthalt in Böhmfeld mit.

Auf den ersten Blick sieht man es ihr vielleicht nicht an, aber Andrea Ponschab ist eine richtige Powerfrau und wurde 2006 zu einer der zehn innovativsten Bäuerinnen in Bayern gekürt. Wie sie es schafft, mit vier Söhnen, der jüngste ist Jahrgang 2007, neben Kräutergarten, Kräuterseminaren, Gastwirtschaft und Hotelbetrieb den Alltag zu meistern? »Das geht nur mithilfe der Familie«, sagt sie. Mit deren Unterstützung kann sie auch ihre ganze Kreativität ausleben. Sie liebt den Duft und den Geschmack der würzigen Kräuter aus den Magerwiesen des Altmühltals. Ihre Kräuterspaziergänge, bei denen sie die Gäste an ihrem Wissen teilhaben lässt, sind auch ein Stück Erholung. Denn für andere Hobbys bleibt nicht viel Zeit.

Ausflugstipp: Zu den Keltenschanzen

Die dreistündige Wanderung führt 2000 Jahre zurück in die Vergangenheit. Sie beginnt und endet in Böhmfeld. Auf engstem Raum liegen hier in der Umgebung des Ortes vier der geheimnisvollen keltischen Viereckschanzen beieinander. Man erreicht sie zu Fuß oder auch mit dem Rad. Genaue Wegbeschreibung über den Beckerwirt oder im Internet unter www.altmuehlnet.de.

Lammpastete mit Feta

400 g Spinat | 1 große Zwiebel | 1 Knoblauchzehe | 1–2 EL Raps- oder Olivenöl | 300 g Lammhackfleisch | Salz und Pfeffer aus der Mühle | 200 g Feta | 3 Eier | 125 g Sahne | 30 g Butter | 1 Packung Filoteig | 3 EL Schwarzkümmel

■ Den Backofen auf 180 °C Umluft vorheizen.
■ Den Spinat putzen, verlesen und sorgfältig waschen. Kurz in kochendem Salzwasser blanchieren, ausdrücken und fein hacken.
■ Die Zwiebel und die Knoblauchzehe schälen und in kleine Würfel schneiden.
■ Das Öl in einer großen Pfanne erhitzen und die Zwiebeln sowie den Knoblauch goldgelb anschwitzen. Das Lammhackfleisch und den Spinat hinzufügen und mit Salz und Pfeffer würzen. Etwa 10 Minuten dünsten. Anschließend zum Abkühlen beiseitestellen.
■ In der Zwischenzeit den Feta in Würfel schneiden. Die Eier und die Sahne miteinander verquirlen, den Feta zufügen und mit der Fleisch-Gemüse-Masse vermengen.
■ Ein Backblech mit der Hälfte der Butter ausstreichen und mit der Hälfte der Teigplatten auslegen. Die Füllung darüber verteilen. Die restlichen Teigplatten in die gewünschte Portionsgröße schneiden, auf die Füllung legen und mit der restlichen, zerlassenen Butter bestreichen. Mit dem Schwarzkümmel bestreuen. Im heißen Ofen 35 Minuten backen. Anschließend in Stücke schneiden und auf vorgewärmten Tellern anrichten. Mit einem grünen Salat servieren.

Blüten schmücken bei Andrea Ponschab nicht nur den Tisch. Sie sind auch Krönung von Salaten und Kräuterwasser.

Risotto mit Lammhack

1 große Zwiebel | 1 Knoblauchzehe | 3 EL Rapsöl | 300 g Lammhackfleisch | Salz und geschroteter schwarzer Pfeffer | Rosmarin, Thymian und Salbei* | 250 g Grünkern | 250 g Vollkornreis | 125 ml Weißwein | 500 ml Wasser | Tabasco | 125 g Sahne | 1 Bund Bärlauch | 5 Tomaten | 50 g gehobelter Parmesan

■ Die Zwiebel und die Knoblauchzehe abziehen und in kleine Würfel schneiden.
■ Das Öl in einer Pfanne erhitzen und die Zwiebeln sowie den Knoblauch glasig anschwitzen. Das Fleisch hinzufügen und mit Salz und Pfeffer sowie den Kräutern würzen.

Andrea Ponschab war eine der ersten Kräuterpädagoginnen in Bayern. Vielen ist ihr meisterhafter Umgang mit Wildkräutern ein Vorbild.

■ Grünkern und Vollkornreis dazugeben und 5 Minuten unter stetigem Rühren braten. Mit dem Weißwein ablöschen und den Wein einkochen lassen. Nach und nach das heiße Wasser zugeben, bis der Reis weich ist. Mit einem Spritzer Tabasco würzen. Die Sahne und einen Schuss Weißwein (nach Belieben) unterrühren.

■ Zum Schluss den Bärlauch waschen und trocken schütteln. Die Blätter hacken und unter den Risotto heben. Die Tomaten häuten, entkernen und in kleine Würfel schneiden.

■ Den Risotto auf vorgewärmten Tellern anrichten und mit den Tomaten und Parmesanspänen garnieren.

* Im Sommer sollte man nach Möglichkeit frische Kräuter verwenden. Bei Verwendung von getrockneten Kräutern beachten, dass diese mehr Würzaroma beinhalten; in diesem Fall die Menge etwas reduzieren.

Spätsommerlicher Wildkräutersalat

Als Grundzutat verwendet Andrea Ponschab gemischte Blattsalate wie Kopfsalat, Endiviensalat, Rucola, Eichblatt und Radicchio. Von den Wildkräutern verwendet sie immer nur die jungen zarten Blättchen, zum Beispiel von Löwenzahn und Hirtentäschel, aber auch Gänseblümchenblätter und -blüten, Spitzwegerichblätter und -blütenknospen, Rotkleeblüten und Blättchen und Blütendolden der wilden Möhre sowie wilde Malvenblüten. Sie rechnet pro Person eine gute Handvoll. Immer die Wildkräuter zunächst waschen und sorgfältig trocknen. Große Blätter sollten zerkleinert werden. Dieser Wildkräutersalat wird mit einer Himbeervinaigrette aromatisiert.

Die Zutaten: 100 ml aufgekochter Aceto balsamico | 2 EL brauner Zucker | 1 gehäufter EL Himbeerkonfitüre | 1 Msp. Salz | 3 Spritzer Tabasco | 3 EL natives Rapsöl

Die Salatblätter auf einer großen Servierplatte auslegen, eventuell nach Farben ordnen. Die auf Zimmertemperatur abgekühlte Vinaigrette darüberträufeln. Andrea Ponschab serviert dazu »Schwarzbrotkonfekt«, kleine Roggenbrötchen mit Fenchel-Anis-Kümmelgewürz und viel Kruste.

Bei Andrea Ponschab werden die Aromen der Natur zum besonderen kulinarischen Genuss.

Zwetschgenbrandy-Parfait

5 Eier, getrennt | 200 g brauner Zucker | 1 Vanilleschote | 50 ml Milch | 500 g Zwetschgenkompott, fertig gekocht und abgekühlt | 500 g Schlagsahne | 4 cl Zwetschgenbrandy

■ Die 5 Eigelbe mit 100 g braunem Zucker, dem Mark der Vanilleschote und 50 ml Milch im Wasserbad erhitzen und schaumig schlagen, bis sich der Zucker ganz gelöst hat.
■ Auf Eiswürfeln abkühlen und in einer gefrierfesten Schüssel mit dem Zwetschgenkompott verrühren. In den Gefrierschrank oder in die Tiefkühltruhe stellen. In regelmäßigen Abständen die Masse immer wieder umrühren, damit sie gleichmäßig in etwa 2 Stunden durchkühlt und angefriert.
■ Die Sahne steif schlagen. Die Eiweiße mit 100 g Zucker cremig schlagen und mit der steif geschlagenen Sahne und dem Zwetschgenbrandy vorsichtig unter die angefrorene Zwetschgenmasse heben.
■ In eine geeiste Form oder in Förmchen (oder auch Mokka-/Kaffeetassen) füllen und im Gefrierschrank weitergefrieren.
■ Das Parfait zusammen mit frischen entsteinten Zwetschgen, einer Schokosauce, Krokant und Zwetschgenblättern anrichten.

19

Aus Omas Küche

Christl Probst
im Hotel Gasthof Jungbräu in Abensberg

Adresse
Hotel Gasthof Jungbräu
Weinbergerstr. 6
93326 Abensberg
Telefon 09443/91070
Fax 09443/910733
E-Mail: info@hotel-jungbraeu.de
Website: www.hotel-jungbraeu.de

Öffnungszeiten
Täglich 7.00–24.00 Uhr

Anfahrt
Der Gasthof befindet sich in der Stadtmitte Abensbergs.

Der größte und sorgsamst gehütete Schatz von Christl Probst ist das handgeschriebene Kochbuch ihrer Mutter und Großmutter. Danach wird im Jungbräu zu Abensberg heute noch gekocht, etwas leichter als damals, aber immer hervorragend. Ganz groß geschrieben wird hier natürlich der frische Abensberger Spargel.

Im Zirbelstüberl des Abensberger Traditionshauses war schon so mancher prominente Politiker zu Gast, darunter der ehemalige bayerische Ministerpräsident Günther Beckstein und auch Exkanzler Gerhard Schröder. »Aber die sind nicht unseretwegen gekommen, sondern weil's halt eingeladen waren«, sagt Christl Probst bescheiden. Dabei kann sie wirklich stolz sein auf ihr schmuckes Gasthaus, das dazu noch eines der ältesten am Ort ist.

Begonnen hat die ganze Geschichte damit, dass der Bräu Johann Stanglmayr seinem jüngeren Sohn eine Existenz verschaffen wollte und ihm anno 1620 den Gasthof samt Brauerei erbaute. Daher der Name Jungbräu. Braurecht und Brauerei gab es auch noch, als der Urgroßvater von Christl Probst den Gasthof vor rund 100 Jahren kaufte. Ob der etwas von einer Weiberwirtschaft gehalten hätte? »Wahrscheinlich nicht, aber da es keine männlichen Nachfolger gab, ist sie halt entstanden«, sagt die Jungbräuwirtin.

Schwester, Mutter und Tochter sind ein erfolgreiches Dreiergespann, das den Gasthof mit Charme und Herzlichkeit führt. Und das wird wohl auch so bleiben, wenn Tochter Elisabeth in der fünften Generation vielleicht bald den Jungbräu allein übernimmt.

Ein solches Haus wie den Jungbräu muss man erst einmal finden, das gibt es wahrlich nicht alle Tage. Elegant-rustikal eingerichtet, lässt der Jungbräu erst einmal vermuten, dass es recht gehoben zugeht in der holzgetäfelten Stube. Um so überraschender,

Der Jungbräu: ein schmuckes Gasthaus in Abensberg und eines der ältesten am Ort.

dass im vorderen Gastzimmer am Sonntagabend Karten gespielt wird und viele Familien zum Essen kommen. Kein Wunder bei dieser Küche! Christl Probst ist Hotelfachfrau. Kochen lernte sie bei der Mutter. Wenn jemand in der Küche fehlte, hieß es schon zu Zeiten, wo sie noch klein war: »Christl, mach schnell.« Und die Christl machte schnell, half immer dort, wo sie gebraucht wurde. In den Ferien hieß es arbeiten statt baden gehen, und so wuchs sie, wie viele andere Wirtinnen, in den Betrieb hinein.

Gepflegte Biere haben im Jungbräu Tradition, auch wenn sie heute nicht mehr aus der eigenen Brauerei kommen.

Sie schaute sich vieles von Mutter und Großmutter ab. Die alten Rezepte der beiden, die sie in einem vergilbten Notizbuch aufbewahrt, sind der größte Schatz von Christl Probst. Nach ihnen wird bis heute gekocht: Abensberger Spargel, Hopfensprossen, Entenbrust und kälberne Schnitzel, Apfelkücherl und -strudel, heute alles allerdings ein wenig leichter und moderner. Von April bis Juni kommt frisch gestochener Abensberger Spargel auf den Tisch. Am beliebtesten ist er ganz schlicht mit zerlassener Butter.

Kräuter, Birnen und Äpfel erntet Christl Probst im eigenen Garten. Oder der Schwager kommt schon mal vorbei und bringt Zwetschgen. Der Küchenchef frönt an so manch freiem Tag seinem Lieblingshobby und geht »in die Schwammerl«, wie man in Bayern sagt. Wild bringen die Jäger vom Stammtisch, und somit fehlt es in der Wirtshausküche an nichts. Bodenständig und fein schließen sich im Jungbräu nicht aus, im Gegenteil.

Ausflugstipp: Kloster Weltenburg

Nur zwölf Kilometer ist die Benediktinerabtei Weltenburg von Abensberg entfernt. Dieses Kloster am Eingang des romantischen Donaudurchbruchs gelegen, wurde um das Jahr 600 gegründet und ist die älteste klösterliche Niederlassung in Bayern. Die von den Asambrüdern erbaute und ausgestaltete Abteikirche zählt zu den Spitzenleistungen des europäischen Barock. Aber auch die älteste Klosterbrauerei der Welt steht hier am Donauufer. Man sollte nicht versäumen, von dem würzigen, dunklen Bier zu kosten oder vielleicht sogar an einer Brauereiführung teilzunehmen.

Wie ihren Augapfel hütet Christl Probst das Kochbuch von Großmutter und Mutter, nach dem sie heute noch kocht. Von jeher war der weiße, frisch gestochene Spargel eine Delikatesse in Abensberg. Auch heute kann man es im Frühjahr kaum erwarten, bis die göttlichen Stangen auf den Markt kommen.

Benediktinerabtei Weltenburg, Asamstraße 32, 93309 Kelheim/Donau. Anmeldungen zu Kirchenführungen sind möglich bei Pater Leopold Lörnitzo OSB, Telefon/Fax 09441/5911, 09441/204143 oder 09441/204162.

Klosterschenke: Telefon 09441/3682, Fax 09441/675726. Die Klosterschenke ist auch mit eigenen informativen Seiten im Internet zu finden unter www.klosterschenke-weltenburg.de.

Anfragen an die Brauerei unter Telefon/Fax 09441/7391.

Spargel-Eier-Auflauf

1 kg Spargel | 1 TL Zucker | 1 TL Butter | 4 hart gekochte Eier | 20 g Butter für die Form | 100 g Sauerrahm | 125 ml Milch | 1 Ei | Salz und Pfeffer aus der Mühle | 2 EL frisch geriebener Emmentaler | 2 EL Semmelbrösel | 3 EL Butter | 4 Petersilienstängel

■ Den Backofen auf 225 °C vorheizen.

■ Den Spargel sorgfältig schälen und die Enden großzügig abschneiden. In 5 cm lange Stücke schneiden und in sprudelnd kochendem Salzwasser mit Zucker und dem TL Butter 8 bis 10 Minuten blanchieren. Herausnehmen und in einem Durchschlag abtropfen lassen.

■ Die Eier schälen und in Scheiben schneiden. Eine Auflaufform mit der Butter ausstreichen. Abwechselnd Spargelstücke und Eischeiben einschichten. Mit Spargel abschließen.

■ Den Sauerrahm mit der Milch und dem Ei verschlagen und mit Salz und Pfeffer würzen.

■ Die Mischung über den Spargel gießen. Mit dem Käse und den Semmelbröseln bestreuen. Die Butter in Flöckchen darüber verteilen.

■ Im heißen Ofen 30 Minuten überbacken. Auf vorgewärmten Tellern anrichten und mit Petersilie garnieren.

Christl Probst reicht dazu frisch aufgebackenes Stangenweißbrot oder Tomatensauce und Kartoffelpüree.

20

Die Einzelkämpferin am Herd

Elly Reißer-Kluge
im Alten Fährhaus in Bad Tölz

Adresse
Altes Fährhaus
An der Isarlust 1
83646 Bad Tölz
Telefon 08041/6030
Fax 08041/72270
E-Mail: info@altes-faehrhaus-toelz.de
Website: www.altes-faehrhaus-toelz.de

Öffnungszeiten
Mo und Di Ruhetage
Warme Küche: 11.30–14.00 Uhr und 18.00–21.30 Uhr
So durchgehend warme Küche bis 20.30 Uhr

Anfahrt
Aus Richtung München, Holzkirchen, Tegernseer Tal rechts der Wegweisung nach Bad Tölz Ost folgen, 2,5 km weiter Richtung Wolfratshausen, auf halber Höhe des Bergs scharf links (Schild Altes Fährhaus) und noch zweimal links der Ausschilderung folgend

Da steht eine Könnerin am Herd, die sogar einmal mit Sternen dekoriert war. Die größte Auszeichnung ist für Elly Reißer-Kluge allerdings der Zuspruch ihrer Gäste. Viele sind ihr seit Jahren treu.

Zu Füßen sprudelt die Isar, und auf der lauschigen Terrasse des Alten Fährhauses lässt es sich an warmen Tagen trefflich speisen. Bei Regen oder im Winter lädt die freundliche Gaststube ein, es sich gemütlich zu machen. Das Zentrum von Bad Tölz ist nah, aber doch weit genug entfernt, um von Autolärm und Trubel verschont zu bleiben. Oberbayern zeigt sich hier von seiner schönsten Seite.

Aber das war nicht immer so. Als Elly Reißer-Kluge vor rund 30 Jahren das alte Haus im kühlen Isargrund kaufte, war es vom Verfall bedroht, und ihre Stammgäste aus dem vorher gepachteten Restaurant drohten, nicht mehr zu kommen. Doch Elly verwandelte das heruntergekommene Anwesen in einen kleinen Feinschmeckertempel, der sogar lange Zeit mit einem Michelin-Stern dekoriert war. Aus allem das Beste machen war schon immer ihre Devise. »Ich bin eigentlich nur ein einfaches Bauernmädel gewesen«, erzählt sie und schaut dabei verschmitzt über den Brillenrand. Doch wenn es den Ausdruck Powerfrau früher schon gegeben hätte, sie wäre eine der Ersten gewesen, auf die er zugetroffen hätte.

Die Eltern der gebürtigen Chiemgauerin bestimmten, dass die Tochter Köchin werden sollte. Ihr Werdegang war von Anfang an für eine Frau ungewöhnlich. Sie ließ sich nicht als Kaltmamsell in irgendeine Küche abschieben, sondern erkannte schnell, dass ihre einzige Chance weiterzukommen war, sich selbstständig zu machen. Ihr Interesse galt schon damals der gehobenen Gastronomie. Das war zu Beginn der 1960er-Jahre, als Frauen in Sterneküchen noch wenig Chan-

Gute 50 Kilometer fährt man von München aus zum Alten Fährhaus, das in romantischer Umgebung direkt an der Isar liegt.

cen hatten. Also weihte sie sich selbst in die Geheimnisse der Küche ein, die sie interessierte, d.h. sie brachte sich das Wissen selbst bei.

Ihr Vorbild war Jahrhundertkoch Eckart Witzigmann. Seine Philosophie war auch ihre – zuerst in einem gepachteten Betrieb in Bad Tölz, dann im Alten Fährhaus. Eines Tages stand ihr Idol plötzlich in der Tür. Elly Reißer-Kluge erkannte ihn sofort und bedauert es heute noch, dass sie nicht einmal Zeit hatte, ihm die Hand zu schütteln. Sie selbst hat es nie in eines seiner Restaurants geschafft, denn aus ihrer Küche, sagt sie, komme sie einfach nicht hinaus.

Früher war auch sie eine Anhängerin der Nouvelle Cuisine. Heute lacht sie über das komplizierte und »verrückte Zeug«, das sie damals gekocht hat. Heute ist ihr Stil schlichter und bodenständiger, aber immer noch so, dass er höchsten Ansprüchen genügt. Und das, obwohl sie fast allein am Herd steht. Mit nur zwei Küchenhilfen schafft sie pro Tag 50 bis 60 Essen. Und da der Gast ihr schon immer wichtiger war als die Kritiker, richtet sie sich ganz nach seinen Wünschen. Die Gäste sollen sich bei ihr wohl fühlen und genießen – und dafür tut sie alles. Kein Fisch verlässt die Küche jemals mit einer Gräte, kein Fleisch mit Knochen. Ihrer Aufmerksamkeit entgeht keine noch so kleine Vorliebe ihrer Gäste. Auch ob jemand die Suppe lieber aus der Tasse oder dem Teller löffelt, merkt sie sich.

Alles, was die »Einfrauküche« von Elly Reisser-Kluge verlässt, ist selbst hergestellt: vom Brot über die Steinpilzravioli und die Rehessenz bis zu den Marmeladen, die den Hotelgästen, die hier in geräumigen Zimmern nächtigen können, das Frühstück versüßen. Auf die Frage, ob sie nicht einmal etwas langsamer treten möchte, antwortet sie spontan: »Doch, ja«, sie wollte schon längst zwei, drei Tische aus dem Restaurant nehmen, aber dazu war noch keine Zeit.

Das zeichnet das Alte Fährhaus aus: schlichte Eleganz, hervorragende Küche und ein perfekter, freundlicher Service.

Ausflugstipp: Kulinarische Umgebung

Drei Adressen sollten Sie als Feinschmecker und Liebhaber regionaler Spezialitäten in Bad Tölz nicht versäumen: Da ist zum einen die Enzianbrennerei Schwaighofer in der Marktstraße 7, in der es kostenlose Führungen und Kostproben gibt (auch von Leonhardischnaps und Alpenlikör). Im weithin bekannten Tölzer Kasladen in der Königsdorfer Straße 7 werden ebenfalls einstündige Führungen durch die Welt der Käse angeboten, mit Käseprobe und einem Glas Sekt gegen einen kleinen Obolus. Last but not least bietet sich die Schaukäserei auf der Stie-Alm in Lenggries-Brauneck an – für alle, die einmal sehen möchten, wie sich Milch in Käse verwandelt.

Warm geräucherter Saibling auf Kartoffelscheiben mit saurem Rahm

Elly Reißer-Kluge ist eine der Besten in Deutschland. Neues ausprobieren, Bewährtes verbessern, und immer frischeste Zutaten, am liebsten Fisch und Meeresfrüchte – das ist ihr Motto.

Fisch kann man ganz leicht zu Hause räuchern, meint die Wirtin vom Alten Fährhaus in Bad Tölz. Am besten geht es im Wok.

Für 2 Personen
1 Saibling | Salz | 1–2 Tassen Sägemehl (bzw. Räuchermehl) | 1 kleines Bund Lauchzwiebeln | 4 mittelgroße Biokartoffeln | Himalajasalz und Pfeffer aus der Mühle | weißer Aceto balsamico | 3 EL Traubenkernöl | 2 EL Sauerrahm

■ Den Saibling mindestens 1 Stunde vor dem Räuchern salzen.
■ Den Wok aufs Feuer stellen und das Sägemehl in den Wok geben. So lange erhitzen, bis das Sägemehl ordentlich raucht. Ein Gitter in den Wok geben und den Saibling darauflegen, mit dem Deckel zudecken und 5 bis 6 Minuten räuchern.
■ Anschließend den Herd ausschalten und den Deckel noch weitere 7 Minuten geschlossen halten. (Man sollte nach Möglichkeit im Freien räuchern, denn das Ganze qualmt ziemlich stark.) Nach etwa 10 Minuten den Saibling filetieren.
■ In der Zwischenzeit das Weiße der Lauchzwiebeln in feine Scheiben und die halbfest gekochten Kartoffeln in Scheiben schneiden. Auf einer Servierplatte anrichten. Mit Himalajasalz und Pfeffer würzen und mit etwas Aceto balsamico und dem Traubenkernöl beträufeln. Mit den Zwiebeln bestreuen. Den Sauerrahm darübergeben und ganz oben das duftende Saiblingsfilet darauf anrichten.

21

Botschafterin für deutschen Wein

Nicole Retter
in Retters Feinschmecker in München

Das Retters ist eines der wenigen Refugien für deutschen Wein in München. Die frische Marktküche und die vielen Aktivitäten der rührigen Wirtin haben das Restaurant zu einem beliebten Treffpunkt gemacht.

Zufall oder Fügung? Wie auch immer. Tatsache jedenfalls ist, dass heute eine Heilbronnerin, also eine waschechte Württembergerin, die Nachfolge der traditionsreichen Württemberger Weinstube Holzbaur (deren Verlust viele Münchner betrauerten) in der Münchner Frauenstraße nahe dem Viktualienmarkt angetreten hat.

Für Wein und gutes Essen hatte Nicole Retter schon immer ein Faible. Nach einer Banklehre und dem Studium der Betriebswirtschaft wollte sie ihren Traum von einer exquisiten Weinhandlung und einem schönen Restaurant verwirklichen, in dem zu Weinen ausgewählter Winzer die passenden Gerichte serviert werden. Und welch ein Zufall! Ausgerechnet in dieser Traumlage, hier, wo Münchens kulinarisches Herz schlägt, bot sich die Möglichkeit, zwei direkt nebeneinanderliegende Lokale zu mieten.

»Zum Geschäftsleben gehört neben Kalkül eben auch das Quäntchen Glück«, meint die ambitionierte Geschäftsfrau, die in elegantem Ambiente ausgewählte Weine deutscher und österreichischer Spitzenwinzer präsentiert. Zu vielen pflegt sie einen persönlichen Kontakt, und so manchen ihrer Lieblingswinzer stellte sie schon bei Weinproben vor. Wein als Event, so könnte man das erfolgreiche Konzept der Nicole Retter beschreiben. Beim lifestylebewussten Münchner Publikum kommt es gut an. Mit einer monatlichen »Flaschenpost« wird man über die Aktivitäten von Retters Wein- und Feinschmecker informiert. Wer übrigens eine Flasche

Adresse
Retters Feinschmecker &
Retters Weinschmecker
Frauenstraße 10 und 12
80469 München
Telefon 089/23237923
Fax 089/23237921
E-Mail: info@retters.de
Website: www.retters.de

Öffnungszeiten
Retters Feinschmecker:
Di–Sa 11.30–14.30 Uhr und
17.30–23.00 Uhr
So, Mo und an Feiertagen
geschlossen
Retters Weinschmecker:
Di–Sa 11.00–19.00 Uhr, danach
sind die Weine im Restaurant
auch zum Mitnehmen erhältlich

Anfahrt
Im Stadtzentrum Münchens
Nähe Viktualienmarkt gelegen

Retters Feinschmecker: Ein Restaurant wie ein elegantes Pariser Bistro – und noch dazu dort, wo Münchens kulinarisches Herz schlägt.

aus Retters' Sortiment gerne zum Essen im Restaurant neben der Weinhandlung probieren möchte, kann dies gegen den geringen Aufpreis von 15 € auf den Ladenpreis tun.

Der einzige Raum in Retters Feinschmecker wirkt stilvoll, keineswegs kühl. Was ihm Charme und Wärme verleiht, ist die alte, wunderbar restaurierte Zirbelholzvertäfelung, die noch original aus der alten Weinstube stammt. Die weibliche Hand ist sichtbar an vielen Details, zum Beispiel den kuscheligen Kissen, die Mama Retter genäht hat. Sie machen das Sitzen auf den harten Holzbänken bequemer. Die der Jahreszeit immer wieder neu angepasste Dekoration lockert das moderne Ambiente mit der trendigen Glasfassade auf.

Eine beeindruckend stilvolle Atmosphäre, die ob der alten, wunderbar restaurierten Zirbelholzvertäfelung (siehe Bild vorhergehende Seite) Charme und Wärme hat, feine Speisen und eine hervorragende Weinauswahl und dazu der Blick auf den schönsten Markt Deutschlands, den Viktualienmarkt ... Das Ergebnis heißt Retters.

Wie der deutsche Wein im Mittelpunkt steht, so wird in Retters Feinschmecker auch vorwiegend die deutsche Küche gepflegt. Die häufig wechselnden Menüs und der täglich mittags angebotene »Klassiker«, ein preiswertes Tellergericht, mal deutsch, mal österreichisch, mal international, werden in der schönen Jahreszeit auch gerne im Weingarten im Innenhof serviert. Am Abend gibt es eine erweiterte Karte und ein monatlich wechselndes Degustationsmenü. Ob mittags oder abends, der Gast erhält immer eine passende Weinempfehlung. Der deutsche Wein, der endlich die Anerkennung findet, die ihm gebührt, hat in Nicole Retter die perfekte Botschafterin gefunden.

Ausflugstipp

Um München und seine Alltagskultur zu entdecken, lohnt es sich, an einer der vom Verein StattReisen organisierten Führungen in einzelnen Münchner Stadtvierteln teilzunehmen. »Von Brauhäusern und Rauschtafeln« ist beispielsweise ein Angebot für kulinarisch Interessierte. Man erfährt viel Wissenswertes und Amüsantes über »den herrlichen Stoff«, das Reinheitsgebot und die Anfänge der Brauereien in München, das erst im 16. Jahrhundert zur Bierstadt wurde. Information über www.stattreisen-muenchen.de.

Linsensülze im Speckmantel

Nicole Retter legt in ihrer Küche großen Wert auf eine frische Marktküche, die auch gehobenen Ansprüchen genügt.

Nicole Retter verwendet für dieses Gericht den überaus wohlschmeckenden Speck von Wollschweinen, einer Schweinerasse, die vorwiegend in einigen Ländern Osteuropas gezüchtet wird. Bei uns ist dieser feine Speck in ausgewählten Feinkostläden sowie im Versand-Feinkosthandel erhältlich.

250 g Tellerlinsen | 3 Blatt Gelatine | 250 ml Gemüsebrühe | Salz und Pfeffer aus der Mühle | 250 g grüner Speck | gelber Friséesalat

■ Die Linsen zwei Stunden in kaltem Wasser einweichen, abspülen und ohne Zugabe von Gewürzen in Wasser weich garen. Garprobe machen.
■ Die Gelatine in etwas kaltem Wasser einweichen, ausdrücken und in der warmen Gemüsebrühe auflösen. Die Linsen zufügen und mit Salz und Pfeffer würzen.
■ Eine Terrinenform zuerst mit Klarsichtfolie auskleiden, dann mit dem Speck auslegen. Die Linsen mit der Flüssigkeit einfüllen und 3 Stunden kalt stellen.
■ Die Terrinenform nach dem Erkalten (am besten am nächsten Tag) stürzen und das Linsengelee mit einem elektrischen Messer in ca. 1 cm dicke Scheiben schneiden. Zusammen mit Friséesalat anrichten.

Euro-
Toques

22

Savoir-vivre in Oberbayern

Christine Robert in der Auberge Moar Alm in Sachsenkam

Französische Küche im bayerischen Voralpenland. Das ist die Spezialität von Madame Robert, deren Kreativität auch nach vielen Jahren am Herd noch lange nicht erschöpft ist.

Der Blick schweift weit über das liebliche Voralpenland, am Horizont ein Kirchturm, ringsum saftig grüne Wiesen, ein Bayern-Idyll wie aus dem Bilderbuch. So thront die Moar Alm auf dem Hügel über dem Tölzer Land. Hier verwöhnt die Almbesitzerin Christine Robert ihre Gäste »à la française«.

Madame Robert, geborene Obermüller, spricht astreines Oberbayerisch, aber ihre Liebe gilt nicht der Küche ihrer Vorfahren, sondern Bouillabaisse und Cassoulet. Die französische Küche hat es der brünetten Bayerin angetan. Zuerst war da die Liebe zu einem Franzosen – Monsieur Robert. Als er ging, blieb die Liebe zur Küche, die zur Leidenschaft wurde. Die Lässigkeit des Südens, die Aromen und Düfte der Provence, das quirlige Leben der Märkte und die Vielfalt der Produkte weckten die Sinne von Christine Robert. Anstatt, wie geplant, ihren Beruf als Krankenschwester auszuüben, eröffnete sie mit ihrem Ehemann ein Restaurant und brachte französisches Flair auf die bayerische Alm.

Ihr Großvater, der alte Moarbauer, hatte sich die Nutzung seiner Alm einmal ganz anders vorgestellt. In den 1950er-Jahren baute er sie als »Austragshäusl«; er wollte dort in Ruhe, mit ein paar Kühen, den Lebensabend verbringen. Doch daraus wurde nichts. Zwei geschäftstüchtige Damen schwatzten dem alten Bauern sein »Häusl« ab, um daraus ein Ausflugslokal zu machen. Sie fanden schon damals den Platz zu schade, um dort nur zu leben und ein paar Kühe zu halten. 1992 übernahm die Enkelin das Lokal.

Adresse

Auberge Moar Alm
Französisches Restaurant
Holzkirchener Straße 14
83679 Sachsenkam bei Bad Tölz
Telefon 08021/5520
Fax 08021/9756
E-Mail: info@moar-alm.de
Website: www.moar-alm.de

Öffnungszeiten

Mi, Do, Fr 18.00–23.00 Uhr
Sa, So und an Feiertagen
12.00–15.00 und
17.00–23.00 Uhr
Mo und Di Ruhetage

Anfahrt

A 8 München–Salzburg, Ausfahrt Holzkirchen, Richtung Bad Tölz, Abfahrt von der B13 zwischen Holzkirchen und Bad Tölz

Der Hügel, auf dem die Moar Alm thront, das ist schon ein gesegnetes Fleckchen Erde …

Aus dem Bayern-Idyll ein französisches Spezialitätenrestaurant zu machen, das erforderte Mut, und so mancher Gast kam zu Beginn – und zog weiter in einen der umliegenden Biergärten. Aber viele kamen und blieben. Die Gäste gewöhnten sich an Kaninchen in Estragonsauce, Ziegenkäse und mediterranes Gemüse. Und so kochte die Autodidaktin am Herd beharrlich und mit Begeisterung weiter – und dies mit zunehmendem Erfolg. Bald schon sammelte sie Gault-Millau-Punkte, und ihr Haus gehört inzwischen zu den vom *Feinschmecker* nominierten 2000 besten Restaurants in Deutschland.

Von weit her zieht es die Gäste in den schönen großen Gastraum mit dem Kamin, der im Winter so angenehm wärmt. Im Sommer sitzt man gerne auf der sonnenbeschienenen Terrasse und genießt den wunderbaren Blick in die Tölzer Berge.

Meisterhaft geht die bekennende Eurotoques-Köchin mit Gewürzen und Kräutern um. Gegrillter Thunfisch mit Curry-Ingwer-Öl oder Kaffeesauce mit Kardamom zum Kalbfleisch sind nur zwei Beispiele für ihre Experimentierfreudigkeit. Eurotoques-Chefin zu sein, das heißt für sie, nicht nur hochwertige regionale Produkte zu verwenden, sondern auch Esskultur und Geschmacksbildung wirklich ernst zu nehmen. Wie sehr ihr dies Auftrag ist, zeigt ihr Engagement in der Schulverpflegung. Die Schüler des Gymnasiums Tegernsee haben das Glück, von der Spitzenköchin bekocht zu werden.

Im Sommer liebt Christine Robert die leichten mediterranen Gerichte der Provence, im Winter die deftigen Eintöpfe und Schmorgerichte der französischen Provinzen. Dann serviert sie auch mal Choucroute à l'alsacienne, mit Kartoffeln und zehn verschiedenen Würsten. Wen es danach noch nach etwas Süßem gelüstet ..., wie wäre es mit Marzipan gefüllten Zwetschgen in Karamellsahne? Das erinnert zwar schon ein wenig an arabische Genüsse, ist aber ein Beweis, dass die kulinarische Leidenschaft von Madame Robert fast grenzenlos ist.

Ausflugstipp: Kloster Reutberg

Das Franziskanerinnenkloster liegt nur wenige Kilometer von der Moar Alm entfernt auf einem Hügel über dem Kirchsee. Der empfiehlt sich im Sommer zu einem kühlen Bad, in der kühleren Jahreszeit ist die Moorlandschaft um den See für einen Spaziergang geeignet. Sehenswert ist die Klosterkirche, aber auch der dazugehörende Brauereigasthof mit Biergarten und dem ausgezeichneten Bier aus der heute als Genossenschaft geführten Klosterbrauerei ist einen Besuch wert.

Lotte mit Chorizo gefüllt, bunte Biokarotten und Chili-Limetten-Sauce

Christine Robert ist nicht nur als Köchin kreativ. In ihrer Auberge versteht sie es immer wieder, Kunst- und Gaumenfreuden zusammenzuführen. Ausstellungen und kleine Vernissagen gehören zum Konzept der Kochkünstlerin.

200 g Chorizo, fest und pikant | 4 Stück Seeteufelfilet, pariert, à 120–140 g | etwas Öl für den Bräter

Für das Gemüse:
600 g junge, kleine bunte Biokarotten der Sorten Nektar, Purple Haze und Yellowstone | 2 Schalotten | 2 EL Butter | $^1/_2$ TL Zucker | Salz und Pfeffer aus der Mühle

Für die Sauce:
50 ml Fischfond | 100 ml Kokosmilch | 1 Zitronengrasstängel | 2 Chilischoten, entkernt und in kleine Würfel geschnitten | Paprika edelsüß | 42 cm Ingwer, gerieben | Schale und Saft $^1/_2$ unbehandelten Limette | Salz

Außerdem: einige Korianderstängel

■ Die Chorizo schälen und in entsprechend große Stücke wie das Seeteufelfilet schneiden. Der Länge nach nochmals halbieren und das Seeteufelfilet damit spicken.
■ Die Karotten schälen und in Scheiben schneiden. Die Schalotten abziehen und in kleine Würfel schneiden.
■ Die Karotten 10 Minuten im Dampf garen.
■ Die Butter in einem Schmortopf zerlassen und die Schalotten glasig anschwitzen. Den Zucker einstreuen und die Karotten zufügen. Sorgfältig rühren, bis die Karotten ganz mit der Butter überzogen sind. Zurückhaltend mit Salz und Pfeffer würzen.
■ Für die Sauce den Fischfond erhitzen. Die Kokosmilch angießen und die Gewürze zufügen. Bis zur gewünschten Konsistenz einkochen lassen. Das Zitronengras entfernen.
■ Den Backofen auf 180 °C vorheizen. Die Seeteufelfilets in einen mit etwas Öl eingepinselten Bräter legen und im heißen Ofen 10 Minuten garen.
■ Die Filets mit den Karotten auf vorgewärmten Tellern anrichten und mit der Sauce überziehen. Mit den Korianderblättern dekorieren.

Regionale und saisonale Produkte haben bei der Spitzenköchin Vorrang. Doch ein exotisches i-Tüpfelchen darf nicht fehlen – wie hier die Pistazienkruste auf dem Reh aus dem Oberland.

Rehnüsschen mit Pistazienkruste und Zwetschgensauce

Für die Pistazienkruste:

50 g Butter | 50 g Semmelbrösel | 50 g gehackte Pistazien | $^{1}/_{2}$ EL Haselnussöl | Salz und Pfeffer aus der Mühle

Für die Rehnüsschen:

2 Rehnüsschen aus der Keule à 300 – 350 g | Salz und Pfeffer aus der Mühle | 2 EL Pflanzenöl | 1 EL Butter

Für die Zwetschgensauce:

200 ml Wildfond | 125 ml Rotwein | 8 halbe Zwetschgen | 1 EL Honig | 30 g Butter | 1 EL Himbeeressig | Salz und Pfeffer aus der Mühle

■ Für die Pistazienkruste alle Zutaten in der Moulinette zu einer Paste mixen, die Paste zwischen zwei Backpapierfolien ausrollen und kühl stellen.
■ Die Rehnüsschen mit Salz und Pfeffer würzen. Das Öl und die Butter erhitzen und die Rehnüsschen rundum anbraten. Von der Kochstelle nehmen und mit Alufolie bedeckt ruhen lassen.
■ Den Backofen auf 130 °C Umluft vorheizen. Aus der Pistazienkruste Stücke in der Größe des Fleisches schneiden oder ausstechen. Die Rehnüsschen mit Pistazienkruste bedecken und im vorgeheizten Backofen ca. 15 Minuten fertig garen, zum Schluss die Kruste unter dem Grill bei geöffneter Ofentür noch kurz gratinieren.
■ Für die Zwetschgensauce den Wildfond zusammen mit dem Rotwein auf eine Menge von 200 ml einkochen lassen. Die

Zwetschgen mit Honig in ca. $^1/_2$ EL Butter anziehen lassen und mit einem Schuss Himbeeressig ablöschen. Den eingekochten Wildfond zufügen und mit Salz und Pfeffer würzen.
■ Die Rehnüsschen in Scheiben schneiden (sie sollten innen noch schön rosa sein), mit der Sauce umgießen und auf vorgewärmten Tellern anrichten.

Christine Robert reicht zu diesem wunderbaren Herbstgericht Kürbisgnocchi, Wirsinggemüse und gebratene Pfifferlinge.

Gateau au chocolat

125 g Butter | 125 g Bitterkuvertüre | 1 Eigelb | 2 Eier | 90 g Zucker | 120 g Mehl | 1 TL gehackte Kuvertüre

■ Den Backofen auf 230 °C vorheizen.
■ Die Butter in einer Pfanne zerlassen und die Kuvertüre zufügen. Bei leichter Hitze schmelzen lassen. Anschließend von der Kochstelle nehmen und etwas abkühlen lassen.
■ Das Eigelb und die Eier mit dem Zucker schaumig schlagen. Nach und nach die Butter-Schokomasse unterrühren, zum Schluss das Mehl unterheben.
■ Portionsförmchen zu einem Drittel mit der Masse füllen, jeweils 1 TL Schokolade in die Mitte geben und auffüllen. Im heißen Ofen 7 bis 8 Minuten backen.
■ Auf großen Tellern anrichten und mit der gehackten Kuvertüre garnieren. Wichtig: Die Törtchen sollen außen knusprig und die Schokolade in der Mitte flüssig sein.

Dazu serviert Christine Robert eine

Zitronengrassahne

250 g Sahne | 4 Zitronengrasstängel | 125 g weiße Kuvertüre | 125 ml Milch

■ Die Sahne mit Zitronengras aufkochen und 10 Minuten ziehen lassen. Durch ein Sieb gießen und die Kuvertüre in der Milch schmelzen lassen.
■ Im Kühlschrank abkühlen lassen und vor dem Servieren wie Schlagsahne aufschlagen.

Eine raffinierte Zugabe wie Zitronengrassahne macht aus dem einfachen Schokoladenkuchen ein kulinarisches Highlight. Das ist die Kunst von Christine Robert.

23

Schlemmen auf der Alp

Barbara Schlachter-Ebert auf der Schlossanger Alp in Pfronten

Adresse

Berghotel Schlossanger Alp
Am Schlossanger 1
87459 Pfronten
Telefon 08363/914550
Fax 08363/91455555
E-Mail: info@schlossanger.de
Website: www.schlossanger.de

Öffnungszeiten

Kein Ruhetag

Anfahrt

A 7 Ulm–Füssen, Ausfahrt Nesselwang, Richtung Pfronten, in Pfronten-Weißbach links Richtung Füssen, am Ortsausgang Kreisverkehr, erste Ausfahrt nach 300 Meter links abbiegen und durch Meilingen 4 km bergauf

Eine Spitzenköchin mit Bodenhaftung – so könnte man Barbara Schlachter-Ebert beschreiben, deren Kochkünste weit über das Allgäu hinaus bekannt sind. Sie verbindet Großmutters Rezepte mit dem Know-how der Sterneküche. Das Resultat ist immer hinreißend, ob man sich als Wanderer auf der Terrasse oder als Gourmet im Restaurant verwöhnen lässt.

Hoch hinauf muss man, wenn man in den Genuss von Barbara Schlachter-Eberts Spitzenküche kommen will. Das Berghotel Schlossanger Alp liegt vor traumhafter Bergkulisse auf 1200 Meter Höhe unterhalb des Falkensteins. Kein Autolärm dringt hier herauf, die Luft ist rein, die Bäche sind klar, und die Küche der charmanten Hausherrin verzaubert auch anspruchsvollste Gaumen.

Als die kleine Barbara früher von der Schule unten im Tal auf die Alp zurückkam, durchströmte der köstliche Duft von Großmutters Apfelstrudel das ganze Haus. Dieser Duft steckt der großen Barbara immer noch in der Nase, und die Erinnerung daran löst dieses warme, wohlige Bauchgefühl aus. Sie lacht und sagt, ihre liebsten Rezepte seien die von der Großmutter. Doch wenn sie zum Beispiel die Kartoffelsuppe à la Großmama mit Allgäuer Butter, Milch und geriebenen Kartoffeln kredenzt, dann schmeckt der Gaumen ganz schnell die kundige Hand der Spitzenköchin. Das ist wohl das Geheimnis der Virtuosin am Herd, die Ideen von damals mit Anspruch und Geschmack von heute zu verbinden weiß.

»Die Küche hat sich geändert, und ich koche eine moderne Allgäuer Küche, aber mit Tradition«, sagt sie, die neben Cornelia Poletto die einzige Frau in der Vereinigung der Gourmetköche der Jeunes Restaurateurs d'Europe ist. Sie mag am liebsten saubere,

Inmitten einer saftig grünen Berglandschaft liegt die Schlossanger Alp auf 1200 Meter Höhe.

einfache Produkte aus dem Allgäu, die sie bei qualitätsorientierten Bauern der Umgebung oder im Steinacher Käsladen findet. Daraus entstehen dann verfeinerte Arme-Leute-Essen wie Kalbslüngerl mit Brottalern oder Schweinenierle in Senf-Gurken-Sauce. Kräuter sind ganz wichtig in der Alp-Küche. Die sammelt die Chefin nebenbei beim Joggen.

Die Alp: Ein Hort sympathischer Gastlichkeit, der die Welt nicht verändert, aber viel schöner werden lässt. Ein neuer Pavillon für Mußestunden? Warum nicht! Noch längst nicht hat Barbara Schlachter-Ebert alle ihre Pläne verwirklicht.

Die gastronomischen Anfänge hier oben auf der Alp waren einfach, denn reich sind die Bergbauern im Allgäu nicht gewesen. Der Großvater, ein Käser, hütete Kühe und Kälber und hielt für Wanderer ein Glas frische Milch und ein Matratzenlager bereit. Die Eltern von Barbara Schlachter stellten die Landwirtschaft schon zugunsten der Wanderer und Sommerfrischler zurück. Sie beherbergten Gäste in den neu gebauten Fremdenzimmern, aus denen inzwischen ein komfortables Vier-Sterne-Hotel mit 24 Zimmern entstanden ist.

Alle vier Geschwister der dritten Generation erlernten gastronomische Berufe. Barbara zog es schon immer in die Küche. Mit 23 war sie jüngste Küchenmeisterin Bayerns und wagte sich mutig als eine der ersten Frauen in die Küchen der Spitzengastronomen. Sie sammelte Erfahrungen u. a. im Bareiss und bei Hans Haas, aber es war ihr immer klar, dass sie auf die Alp zurückgehen würde.

Heute ist der Berg fest in Schlachter-Hand. Bruder Toni residiert im romantischen Burghotel Falkenstein und Schwester Barbara mit Familie 200 Meter tiefer auf der Alp. Hier wirbelt die sportliche Mutter von drei Kindern nicht nur in der Küche. Das Hotel, die Wellness-Oase Berg Quelle, der neue Abenteuerspielplatz für die Kinder – das alles will organisiert und gemanagt sein. Zum Glück unterstützt sie Ehemann Bernd, der glücklich und stolz ist, mit einer der besten Köchinnen Deutschlands verheiratet zu sein.

Ausflugstipp: Ruine auf dem Falkenstein

Schon König Ludwig II. zog es zu dem romantischen Platz, der höchst gelegenen Burgruine Deutschlands, und in seiner Vision ließ er dort ein weiteres Traumschloss entstehen. Leider blieb davon nichts außer einem Traum und dem Bild.

Kartoffelsuppe

Für 10 Personen
200 g Zwiebeln | 60 g Butter | frischer oder getrockneter Majoran |
Salz und Pfeffer aus der Mühle | frisch geriebene Muskatnuss |
400 g gekochte Kartoffeln | 1 l Gemüsebrühe | 1 l Milch | 100 g Karotten |
100 g Knollensellerie | 400 g rohe Kartoffeln | 200 g Sahne |
4 Weißbrotscheiben | 1 EL Butter | 2 EL fein gehackte glatte Petersilie
(alternativ fein gehackte Blätter vom Sellerie)

■ Die Zwiebeln abziehen und in kleine Würfel schneiden. Die Butter in einem Schmortopf bei leichter Hitze zerlassen und die Zwiebeln glasig anschwitzen. Majoran zugeben und mit Salz, Pfeffer und Muskat würzen.
■ Die durch die Kartoffelpresse gedrückten Kartoffeln zugeben und mit der Gemüsebrühe sowie der Milch auffüllen. Kurz aufkochen lassen und anschließend mit dem Pürierstab fein pürieren.
■ Die Karotten und den Sellerie schälen und fein raspeln. Die rohen Kartoffeln in Würfel von einer Kantenlänge von $^1/_2$ cm schneiden und mit dem Wurzelgemüse zufügen. Die Suppe zugedeckt so lange köcheln lassen, bis die Kartoffeln weich sind. Anschließend die Sahne unterrühren und nochmals abschmecken.
■ Die Weißbrotscheiben entrinden und in Würfel schneiden. Die Butter in einer Pfanne zerlassen und die Brotwürfel rundum goldbraun rösten.
■ Die Suppe auf vorgewärmten tiefen Tellern anrichten und mit den Brotwürfeln und der Petersilie bestreuen.
Tipp: Man sollte diese Suppe gleich in dieser Menge zubereiten, weil sie dann, so die Wirtin, einfach besser schmeckt. Wer will, kann sie in kleinen Portionen einfrieren.

Barbara Schlachter-Eberts Küche: jung, frisch, Altes immer wieder neu interpretierend, unprätentiös.

Rustikale regionale Gerichte werden in der Küche von Barbara Schlachter-Ebert verfeinert und auf diese Weise zu unerwarteten Genüssen.

Renkenfilet aus dem Weißensee auf Wurzelgemüse im Meerrettichfond mit Mehlnocken

4 Renkenfilets à 100 g | Salz und Zitronensaft

Für den Fond:
250 ml Weißwein | 2 Wacholderbeeren | 1 Lorbeerblatt | 100 ml Wasser | 50 g Butter | 1–2 EL frisch geriebener Meerrettich | 30 g Butter zum Montieren

Für das Wurzelgemüse:
200 g Karotten | 100 g Knollensellerie | 100 g Lauch | 50 g Butter | Salz und Pfeffer aus der Mühle | 10 g gehackte Petersilie

Für die Mehlnocken:
100 g Mehl | 50 ml Wasser | Salz und Pfeffer aus der Mühle | frisch geriebene Muskatnuss | 1 EL Pernod

Außerdem: glatte Petersilie und Dill

■ Die Renkenfilets mit Salz und Zitronensaft würzen. In dem Fond im Dampfgarer 3 bis 4 Minuten garen. Anschließend 250 ml des Fonds auffangen und erneut aufkochen lassen. Durch ein feines Sieb passieren und mit der Butter montieren.
■ Die Karotten und den Sellerie schälen und in streichholzgroße Stifte schneiden. Den Lauch sorgfältig waschen und den weißen Teil in Scheiben schneiden. Das Gemüse in kochendem Salzwasser al dente blanchieren und im Eiswasser abschrecken.
■ Anschließend die Butter in einem Topf zerlassen, das Gemüse zufügen und mit Salz und Pfeffer würzen. Die Petersilie unterrühren.
■ Für die Mehlnocken die Zutaten zu einem glatten, elastischen Teig kneten. Etwa 10 Minuten ruhen lassen, mit den Fingern kleine Stücke abzupfen und zwischen den Händen längliche Nocken formen. In kochendem Salzwasser mit etwas Pernod 6 bis 7 Minuten ziehen lassen. Mit einem Schaumlöffel herausnehmen, abtropfen lassen und in den Meerrettichfond einlegen.

■ Das Wurzelgemüse auf vorgewärmten Tellern in der Mitte anrichten. Die Renke auf das Gemüsebett legen und den Fond angießen. Die Mehlnocken darüber verteilen. Mit Petersilie und Dill garnieren.

Kalbszüngerl im Sesammantel

1 Kalbszunge, ca. 250–300 g | 1 Bund Suppengemüse | 2 Lorbeerblätter | 5 Wacholderbeeren | 5 schwarze Pfefferkörner | 100 ml trockener Weißwein | weißer Aceto balsamico

Für die Panade: 200 g geriebenes Weißbrot ohne Rinde | 3 EL Sesamsamen | 2 verquirlte Eier | 80 g doppelgriffiges Mehl (Wiener Grießler) | Salz und Pfeffer aus der Mühle | 100 g Butterfett

■ Die Zunge abwaschen. 3 Liter Wasser mit allen Zutaten zum Kochen bringen und die Zunge in dem Fond zugedeckt $1^1/_2$ bis 2 Stunden köcheln lassen, bis die Zungenspitze weich ist.
■ Aus dem Wasser nehmen und zum Abkühlen in kaltes Salzwasser einlegen. Die Zunge noch lauwarm abziehen und wieder in das kalte Salzwasser legen.
■ Für die Panade die Weißbrotbrösel mit dem Sesam vermengen und in einen tiefen Teller geben.
■ Die Eier und das Mehl ebenfalls jeweils in tiefe Teller geben.
■ Die Zunge in $^1/_2$ cm dicke Scheiben schneiden und trocken tupfen. Mit Salz und Pfeffer würzen.
■ Die Zungenscheiben nacheinander im Mehl wenden, dabei überschüssiges Mehl abklopfen, dann durch die Eier ziehen. Zum Schluss mit den Sesambröseln panieren, dabei die Brösel nicht zu fest andrücken.
■ Das Butterfett in einer Pfanne erhitzen. Die panierten Zungenschnitzel darin zuerst auf einer Seite goldbraun backen, dann wenden und auf der zweiten Seite backen.
■ Die Zungenschnitzel aus der Pfanne nehmen und auf Küchenpapier abtropfen lassen. Auf vorgewärmten Tellern zusammen mit einem knackigen Blattsalat anrichten.

Ausgewählte Bauern aus dem Pfrontener Umland beliefern die Spitzenköchin mit Gemüse und dem besten Fleisch. Frisch und von bester Qualität müssen die Produkte sein.

Baumburg

24

Rokoko und filigrane Küche

**Maria Schuhbeck
im Bräustüberl Baumburg in Altenmarkt**

Adresse
Bräustüberl Baumburg
Baumburg 12
83352 Altenmarkt
Telefon 08621/5155
Fax 08621/646708
E-Mail: braeustueberl.baumburg@t-online.de
Website: www.braeustueberl.baumburg.de

Öffnungszeiten
Mo–Fr 11.30–24.00 Uhr
Sa, So und an Feiertagen
10.00–24.00 Uhr
Kein Ruhetag

Anfahrt
A 8 München–Salzburg, Abfahrt Traunstein, Richtung Altenmarkt

Kloster- und Brautradition, das ist in Bayern eins. Aber es ist nicht nur das naturtrübe, unfiltrierte Bier, das die Gäste ins Bräustüberl lockt. Maria Schuhbeck serviert dazu bayerische und österreichische Schlemmergerichte, die weit über dem Niveau einer normalen Wirtshausküche liegen.

Man könnte es auch »Zu den zwei Marien« nennen, das Baumburger Bräustüberl der Maria Schuhbeck. Denn Mutter Maria unterstützt trotz ihres hohen Alters die Tochter noch immer tatkräftig. Damit man die beiden besser auseinanderhalten kann, wird die jüngere Maria auch allgemein einfach »die Mausi« genannt.

Schon als kleines Mädchen kannte sie ihr heutiges Domizil: das Bräustüberl, das die oberbayerische Wirtstochter vor über 20 Jahren übernahm und bis heute nahezu unverändert gelassen hat. Die gemütliche Einrichtung stammt original aus den 1920er-Jahren, genauso wie der grüne Kachelofen neben dem Stammtisch.

Das unverkennbare Markenzeichen der Bräustüberlwirtin mit der auffallend tiefen Stimme ist das Dirndl. Ohne dieses Gwand, sagt sie, könnte sie inkognito durch den Ort gehen. Ihr Bräustüberl, Teil der alten Klosteranlage des ehemaligen Augustinerchorherrenstifts hoch über der Alz, wurde 1406 erstmals urkundlich erwähnt und bietet seither den Gästen Speis und Trank. Besonders das unfiltrierte Klosterbräubier hat es den Leuten angetan.

Im Sommer sitzt man mit Blick auf Bierfässer, aber auch auf die Klosterkirche im neu angelegten Innenhof des Klosters.

Zusammen mit der Mutter, einer Köchin und ausschließlich weiblichen Bedienungen ist das Bräustüberl eine lupenreine Weiberwirtschaft. Maria ist eine »echte Schuhbeck«, geboren in Waging, aufgewachsen unterhalb der Baumburg, wo Vater Franz und Mutter Maria bis 1989 den »Alzi«, den Alztaler Hof, in der Altenmarkter Hauptstraße bewirtschafteten und wo auch die

Ein bayerisches Gasthaus – ohne jeden Schnickschnack: ein Kachelofen, dicke, dunkle Holzbänke und Tische, eine alte Standuhr, einfach gemütlich. Die Originaleinrichtung aus den 1920er-Jahren hätte mancher Antiquitätenhändler der Wirtin schon lange gerne abgekauft …

»Mausi« schon ihre ersten gastronomischen Erfahrungen sammelte. Bei ihrem »Adoptivcousin« Alfons hat sich die gelernte Köchin schon vor vielen Jahren einiges abgeschaut. Sie ist kreativ, aber immer auf dem Boden geblieben.

Am Sonntag gibt es einen Braten aus dem Rohr, das gehört sich so in Bayern, und wer großen Hunger mitbringt, der genehmigt sich hinterher noch einen Kaiserschmarrn von Mutter Maria. Der ist legendär und sucht seinesgleichen bis weit ins Österreichische hinein. Überhaupt ist Österreich nicht weit, und der Einfluss des Nachbarn besonders bei den Nachspeisen (Marillenknödel!) unverkennbar.

Kräftige Wildgerichte und Pfifferlinge mit Knödel gehören zu den Klassikern der Schuhbeckschen Küche. Alles, was auf den Tisch kommt, ist frisch und hausgemacht.

Viel Küchenwissen hat Maria Schuhbeck auch von ihrer Mutter übernommen. Die 78-Jährige steht noch täglich mit am Herd und denkt gar nicht daran aufzuhören. »Was sollt i denn sonst doa?«, sagt sie und eifert dem Vorbild der Großmutter nach, die noch mit neunzig in ihrer Wirtshausküche in Waging stand.

Was wäre ein bayerisches Bräustüberl ohne Stammtisch? Der macht schließlich den Charme eines Gasthauses aus und ist eine Garantie dafür, dass es hier nicht steif zugeht. Serviert wird auf den blanken Holztischen. Der Wein jedoch, den Maria Schuhbeck mit Überlegenheit auswählt, kommt im passenden Glas auf den Tisch. Sie selbst darf natürlich jederzeit am Stammtisch Platz nehmen. Ansonsten ist der Stammtisch auch in einer Weiberwirtschaft noch eine rechte Männerdomäne. Aber immerhin ein paar Frauen haben sich das »Bleiberecht« erkämpft und sind zumindest geduldet. Allerdings nur, gestehen die männlichen Stammtischler, wenn sie nicht allzu gscheit daherreden und mit einem männlichen Mitglied verbandelt sind.

Ausflugstipp

Wie wäre es mit einer Genussradtour auf dem Klosterweg, der die drei Klöster Baumburg, Seeon und Frauenchiemsee verbindet? Dreieinhalb Stunden benötigt man für die 42,5 km lange Strecke, die durch das wunderschöne Hinterland des Chiemsees führt. Rechtzeitig losfahren und am Abend mit einem guten Hunger und einem gscheiten Durst im Bräustüberl einkehren. Die Wegbeschreibung finden Sie im Internet unter www.jakobus-weg.de

Pfiffiger Jager

Schweinefilet mit Pfifferlingen und Lauchzwiebeln in Rahm

500 g Schweinefilet | 400 g frische Pfifferlinge | 1 Bund Lauchzwiebeln | 20 g Butterschmalz | Salz und Pfeffer aus der Mühle | 250 g Sahne | 1 TL scharfer Senf

■ Das Schweinefilet in 3 cm dicke Scheiben schneiden. Die Pfifferlinge putzen (nicht waschen!), die größeren Exemplare halbieren. Die Lauchzwiebeln abspülen und trocken schütteln, in 5 cm lange Stücke schneiden.
■ Das Schmalz in einer großen Pfanne erhitzen. Die Fleischscheiben einlegen und von jeder Seite 1 Minute anbraten.
Mit Salz und Pfeffer würzen. Das Fleisch aus der Pfanne nehmen, in Alufolie packen und warm halten.
■ Die Pfifferlinge und die Lauchzwiebeln in die Pfanne geben und so lange dünsten, bis die Flüssigkeit, die die Pilze abgeben, eingekocht ist. Die Sahne angießen, den Senf einrühren und bei leichter Hitze bis zur gewünschten Konsistenz einkochen lassen.
■ Die Fleischscheiben zusammen mit den Pfifferlingen auf vorgewärmten Tellern anrichten.

»Von der Kreativität, der Frische und der Qualität der Zubereitungen«, sagt ein Gast, »könnte so mancher Sternekoch noch was abbröseln ...« Zum Pfiffigen Jager serviert Maria Schuhbeck Semmelknödel oder Spätzle.

Monika

25

A bisserl wia dahoam

Monika Stangl
in der Weiberwirtschaft in Kalsing

Obwohl ganz neu gebaut, hat die Weiberwirtschaft in Kalsing den Charme vergangener Zeiten. Bei Monika Stangl fühlen sich Alt und Jung daheim, und in der Küche wirbeln viele Frauenhände, damit's auch so schmeckt wie daheim.

Eine Hügelkuppe, auf der sich ein Windrad dreht, auf der ein Biobauernhof steht und von der aus die 80 Einwohner an klaren Tagen einen herrlichen Blick bis in den Bayerischen Wald hinein genießen, das ist Kalsing. Und das Herz des Ortes ist d'Weiberwirtschaft.

Als das Wirtshaus vor sechs Jahren aufmachte, war es auf einen Schlag voll, und so ist das bis heute geblieben, »weil's gmiatlich is, bezahlbar und guat schmeckt«, sagt Wirtin Monika Stangl und setzt ihr verschmitztes Lausbubenlächeln auf. Kaum öffnet sie am Freitagnachmittag die Tür, kommen auch schon die ersten Gäste zu Kaffee und Kuchen oder Radler, die Brotzeit machen wollen. Manchmal wundert sie sich schon, dass die Leute überhaupt herfinden, so abgelegen, wie die Weiberwirtschaft ist. Aber ob es am Namen liegt, an der deftig-bayerischen Küche oder am trockenen Humor der Wirtin – d'Weiberwirtschaft ist ein Erfolg.

Die Weiberwirtschaft war alles andere als geplant, sagt Monika Stangl. Die Dorfwirtschaft von Kalsing war vakant, der alte Wirt hatte aufgegeben, und wenn das Gasthaus für immer die Tore geschlossen hätte, dann wäre Kalsing seelenlos geworden. Denn ein Dorf ohne Wirtshaus ist wie ein Mensch ohne Seele. Außerdem hätten die Kalsinger keine Zuschüsse für die Dorferneuerung bekommen. Warum sich ausgerechnet die Stangls der Dorfwirtschaft erbarmt haben, hat vielleicht etwas mit der Umtriebigkeit der jetzigen Wirtin zu tun. Daheim war es der Mutter von drei inzwischen

Adresse
d'Weiberwirtschaft
Kalsing 16
93426 Roding
Telefon 09467/711409
Fax 09467/711412
E-Mail: info@dweiberwirtschaft.de
Website:
www.dweiberwirtschaft.de

Öffnungszeiten
Do und Fr ab 15.00 Uhr, warme Küche 18.00–22.00 Uhr oder nach Vereinbarung
Sa ab 14.00 Uhr
So und an Feiertagen ab 10.00 Uhr, warme Küche 11.00 bis –13.30 und 18.00–21.30 Uhr

Anfahrt
A 3 Regensburg–Passau, Ausfahrt Wörth Ost, Richtung Roding

Kalsing, das ist ein Ort in der Oberpfalz, nichs Besonderes. Das wirklich Erwähnenswerte ist d'Weiberwirtschaft der Monika Stangl, Namens- und Ideengeberin für dieses Buch.

Wilderereck heißt das gemütliche Nebenzimmer, das mithilfe von Schiebetüren abgetrennt werden kann und dann zu einem geeigneten Raum für kleinere Gesellschaften wird.

herangewachsenen Kindern langweilig. Hauswirtschaft hatte sie gelernt, und die Feste für die Feuerwehr auszurichten, in der ihr Mann Hans engagiert war, hat ihr schon immer Spaß gemacht. Dann kam noch das berühmte Quäntchen Glück hinzu, dass ihr Mann sie als mittelständischer Unternehmer finanziell unterstützen konnte. »Das Wirtshaus müssts dann ihr Weiber machen«, sagte Ehemann Hans, der heute allerdings keinen Sonntag auslässt, um persönlich an der Schänke zu stehen.

Und so war die Weiberwirtschaft zu Kalsing geboren. Die Jugend liebt die Wirtschaft, in der die Portionen so groß sind, dass man auch nach einem anstrengenden Fußballspiel satt wird, und wer trotzdem noch hungrig ist, bekommt eine Extraportion Pommes von der Wirtin, gratis versteht sich.

Am Freitagabend wird es so richtig gemütlich in der Wirtsstube. Dann werden Karten und Brettspiele ausgepackt, und Wirtin Monika muss schauen, dass sie ihr spieleifriges Publikum einigermaßen rechtzeitig verabschiedet, um für das Wochenende fit zu sein. Denn an einem normalen Sonntagmittag sind so viele Essen gefragt, dass manchmal Gästezimmer und Saal nicht reichen: Kalsinger Bauernkotelett und »Weiberschnitzel«, Zwiebelrost- und Kalbsrahmbraten, Lammbraten und Sauerbraten vom Hirsch, gefüllte Taube oder auch mal Kalbsherz. Die Innereien bezieht Monika Stangl vom Biobauern, der in der Saison auch Kartoffeln, Salat und Gemüse liefert. Am Wochenende ist die gesamte weibliche Verwandtschaft, so sie denn da ist, im Einsatz, von der Oma über die Schwägerin bis zu Tochter Susanne. Die Zweitälteste ist gelernte Köchin und bereitet sich schon darauf vor, d'Weiberwirtschaft einmal zu übernehmen.

Ausflugstipp

Nur fünf Kilometer von Kalsing entfernt befindet sich Obertrübenbach mit seiner Wehrkirche. Diese ursprünglich romanische Kirche war Teil der ehemaligen Burganlage. Das Besondere ist, dass die Kirche ein Obergeschoss hat, das als Speicherraum oder auch als Zufluchtsort in Kriegszeiten diente. In und um Roding befindet sich eine ganze Reihe von sehenswerten Kirchen, Kapellen und Wallfahrtsstätten. Information über das Tourismusbüro der Stadt Roding, Schulstraße 15, 93426 Roding, Telefon 09461/941815.

Sauerbraten vom Hirsch

4 EL Butterschmalz | 1 kg Hirschkeule oder -schulter | 1 Tasse Zwiebelwürfel | 2 EL Speckwürfel

Für die Marinade:
1 Karotte | 1/4 Knollensellerie | 1 Stange Lauch | 3 EL Sauerbratengewürz | 1 EL brauner Kandiszucker | 500 ml trockener Rotwein | 400 ml guter Rotweinessig

Für die Sauce:
2 EL Mehl | Flüssigkeit von der Marinade | Salz und Pfeffer aus der Mühle | Zucker | Piment | 1 Lorbeerblatt | 4–5 Wacholderbeeren | 5 Nelken | 1/2 Zimtstange | getrockneter Thymian und Majoran | gemahlener Koriander | 1 Knoblauchzehe, durch die Knoblauchpresse gedrückt

■ Für die Marinade Karotte und Sellerie schälen und grob zerkleinern. Den Lauch sorgfältig waschen, in grobe Stücke schneiden und zusammen mit dem übrigen Gemüse sowie dem Sauerbratengewürz und Kandiszucker zum Rotwein und Essig geben. Das Fleisch so hineinlegen, dass es bedeckt ist.
■ Zwei Tage an einem kühlen Ort marinieren. Vor dem Garen das Fleisch herausnehmen und mit Küchenpapier sorgfältig trocken tupfen.
■ Den Backofen auf 180 °C vorheizen.
■ 2 EL heißes Butterschmalz in einem Bräter erhitzen und das Fleisch rundum kräftig anbraten. Die Zwiebel- und Speckwürfel zugeben und mit der Marinade aufgießen (nicht abseihen!).
■ Den Bräter zudecken und den Braten im heißen Ofen etwa 1 1/2 bis 2 Stunden sanft schmoren. Dabei das Fleisch immer wieder in regelmäßigen Abständen mit dem Bratensaft begießen.
■ Aus den restlichen 2 EL Butterschmalz und dem Mehl eine helle Mehlschwitze (bayerisch »Einbrenne«) herstellen. Den Bratensaft durch ein Sieb passieren und die Mehlschwitze nach und nach damit aufgießen. Kräftig mit den Gewürzen und Kräutern würzen. Auf vorgewärmten Tellern anrichten.

Monika Stangl serviert zum Sauerbraten vom Hirsch Fingernudeln. Das sind gnocchiähnliche »Nudeln« aus gekochten Kartoffeln, in viel Butter in einer Reine im heißen Ofen ausgebacken.

WANDERBARES DEUTSCHLAND
BAYERN
WAN

26

Entspannung unterm Apfelbaum

Ingeborg Maria Stetter
im Landgut Stetter in Riggerding

Adresse
Landgut Stetter
94508 Riggerding 15
Telefon 09903/1835
Fax 09903/2817
E-Mail: info@landgut-stetter.de
Website: www.landgut-stetter.de

Öffnungszeiten
Täglich 10.00–23.00 Uhr
Mi Ruhetag

Anfahrt
A 3 Deggendorf–Passau, Ausfahrt Iggensbach, über die Landstraße durch die Orte Schöllnach, Taiding bis nach Riggerding. Das Landgut Stetter befindet sich in der Dorfmitte

Dieses Wirtshaus mit seinem ganz besonderen, spirituellen Flair ist eine unerwartete Entdeckung. In herrlicher Umgebung kann man hier Ruhe und zu sich selbst finden. Mit Kursen und Seminaren bietet die Wirtin sogar ihre Hilfe dabei an.

Wieder einmal bilden Wirtshaus und Kirche eine unzertrennliche Einheit. Diesmal im Bayerwalddorf Riggerding. Eingebettet ins zauberhafte Hügelland um den Brotjacklriegel herum, liegt es auf der Sonnenseite, weit genug von den hohen, dunklen Wäldern des Bayerischen Waldes entfernt.

Weitaus lieblicher als drinnen, im rauen Wald, sei es hier, schwärmt Ingeborg Maria Stetter, die im Wirtshaus unter dem Riggerdinger Kirchturm als jüngste von drei Schwestern zur Welt kam. Eine spirituelle Verbindung blieb wohl bestehen, wenn sie auch hier eine andere Wendung nahm. Denn das Mädchen aus dem Bayerwald, das in jungen Jahren die Welt bereiste, ist nicht nur Geschäftsfrau, Unternehmerin und Wirtin, sondern auch Familientherapeutin, und sie bietet Coachings an.

Ausgerechnet sie als Nesthäkchen wurde auserwählt, die über 200-jährige Tradition fortzusetzen und den stattlichen Gasthof zu übernehmen. »Zur Post« steht noch auf der weißen Fassade neben dem neuen Namen »Landgut Stetter«. Im breiten Hausflur hängt das Familienwappen, und auf einer alten Urkunde steht zu lesen: »Paulus Stötter, Wierd in Riekerding 1829«. Zu seiner Zeit war die Post Gasthof, Dorfschänke und Metzgerei mit Landwirtschaft. Ein stattlicher Dreiseithof, dessen Ausmaße immer noch beeindrucken, ist das Anwesen immer noch. Im Innenhof schuf die Hausherrin

Im 200 Jahre alten Gasthof zur Post bietet Ingeborg Maria Stetter eine Atmosphäre zum Wohlfühlen.

einen lauschigen Platz mit fast mediterraner Atmosphäre, und um das Haus herum finden die Gäste verträumte Ecken, Spielwiesen und Ruheplätze. Entspannung unterm Apfelbaum wird hier geboten, gute Luft und Ruhe. Kinder finden Raum zum Toben und Spielen und einen Streichelzoo mit Schafen, Pony Wendy und Katzen.

Auch die blonde Hausherrin, die so ganz und gar nicht dem Klischee einer niederbayerischen Wirtin entspricht, hat hier genug Platz, um all ihre Ideen zu verwirklichen. »Die Dinge müssen sich entwickeln und wachsen«, sagt sie, so wie auch sie in ihre Aufgabe hineinwachsen musste. Lange genug hat sie geforscht und hinterfragt, aber jetzt ist sie angekommen in ihrem Element. Im ersten Stock des Gasthauses befindet sich eine Seminaretage, wo systemische Familienaufstellungen, Meditationen und Atemworkshops stattfinden sowie Yoga-Wander-Seminare angeboten werden.

In der Wirtsstube trifft sich oft ein bunt gemischtes Publikum: Einheimische, Tagesausflügler, Familien, die in der schönen Sonnenwaldregion unterm Brotjacklriegel Ferien machen.

In der Wirtsstube trifft sich ein buntes Publikum: Riggerdinger Vereine, Reiter, Familien und Seminarteilnehmer. Das verträgt sich bestens, und für jeden hat die Küche das Richtige zu bieten: vom bayerischen Schweinekrustenbraten über Haxe, Kalbsgeschnetzeltes und saure Leber bis zu vegetarischen Gerichten, Wildkräutersalat und mediterraner Pasta.

Langsam und mit Bedacht lässt Ingeborg Maria Stetter das Haus wieder »werden«, wie sie es nennt, tilgt Bausünden und bringt Farbe in die Räume. Denn gut Ding braucht Weil, heißt ein altes Sprichwort, und es wäre nicht im Sinne der Hausherrin, den Dingen nicht genügend Zeit zu lassen, um zu »entstehen«.

Ausflugstipp: Feng-Shui-Kurpark in Lalling

Im 15 Kilometer entfernten Lalling befindet sich der erste Kurpark in Deutschland, der nach Feng-Shui-Gesichtspunkten gestaltet wurde. Einen Ort der Lebensfreude und der Regeneration hat man mithilfe der chinesischen Harmonielehre hier geschaffen. Den Mittelpunkt bildet der in Form einer liegenden Acht angelegte See. Der sechs Hektar große Kurpark befindet sich südlich der Staatsstraße 2133 an der Gemeindestraße nach Euschertsfurth. Im Feng-Shui-Kurpark finden regelmäßig Führungen statt. Die Termine erfährt man bei der Tourist-Info Lallinger Winkel, Telefon 09904/347.

Sobald im Sommer, wenn's warm und feucht ist, die Schwammerl wachsen, dann zieht auch Ingeborg Maria Stetter los – und die Gäste danken es ihr.

Rahmschwammerl mit Semmelknödel

Für die Schwammerl:
500 g Waldmischpilze | 1 Zwiebel | 1 Knoblauchzehe | 1 Bund glatte Petersilie | 100 g Butter | Salz und Pfeffer aus der Mühle | 200 ml Gemüsebrühe (alternativ Kalbsfond) | 250 g geschlagene Sahne

Für die Knödel:
250 g Knödelbrot | 100 ml warme Milch | Salz | 2 Eier

■ Die Pilze sorgfältig putzen (nicht waschen!) und in feine Scheiben schneiden.
■ Die Zwiebel abziehen und in kleine Würfel schneiden. Die Knoblauchzehe abziehen und durch die Knoblauchpresse drücken. Die Petersilie abspülen und trocken schütteln. Die Blätter von den Stängeln zupfen und fein hacken.
■ Die Butter in einer hohen Pfanne zerlassen und die Zwiebeln sowie den Knoblauch goldgelb anschwitzen. Die Pilze zufügen und einige Minuten anbraten. Mit Salz und Pfeffer würzen.
Die Gemüsebrühe angießen und 10 Minuten bei leichter Hitze köcheln lassen. Die geschlagene Sahne zufügen und die Petersilie unterheben.
■ Für die Knödel das Knödelbrot in eine Schüssel geben, mit der Milch übergießen und mindestens 15 Minuten ziehen lassen.
■ Anschließend salzen und mit den verquirlten Eiern vermengen.
■ Aus der Semmelmasse mit feuchten Händen 8 Knödel formen. Reichlich Salzwasser in einem Topf aufkochen lassen. Anschließend die Temperatur drosseln und die Knödel im siedenden Wasser ca. 15 Minuten gar ziehen lassen.
■ Auf vorgewärmten tiefen Tellern anrichten und mit der Schwammerlsauce umgießen.

27

Bilderbuchgasthof im Land Ludwig Thomas

Barbara und Elisabeth Weißenbeck im Gasthaus Weißenbeck in Unterbachern

Adresse
Gasthaus Weißenbeck
Ludwig-Thoma-Straße 56
85232 Unterbachern bei Dachau
Telefon 08131/72546
Fax 08131/80365
E-Mail:
gasthaus@weissenbeck.de
Website: www.weissenbeck.de

Öffnungszeiten
Mi–Fr 11.30–15.00 Uhr und
ab 17.30 Uhr
Sa, So und an Feiertagen
ab 11.30 Uhr
Mo und Di Ruhetage

Anfahrt
A 8 Stuttgart–München,
Ausfahrt Dachau/Fürstenfeldbruck, Richtung Dachau, nach
ca. 8 km Richtung Günding

Das Gasthaus Weißenbeck ist ein Schmuckstück im Dachauer Land und ein lohnendes Ausflugsziel dazu. Wild und andere Köstlichkeiten wissen die Weißenbecks – nicht nur nach alten Rezepten – vortrefflich zuzubereiten. Das Gasthaus, in dem Mutter und Tochter am Herd stehen, ist eine im weiten Umkreis bekannte Adresse.

Die »Lokalbahn«, die Ludwig Thoma in seinem Roman beschreibt, führt von Dachau nach Altomünster, und genau an dieser Strecke liegt das kleine Dorf Unterbachern. Mit den Bauern aus der Gegend des Dachauer Umlandes ging der Dichter gerne auf die Jagd. Auch mit dem Großvater des Hans Weißenbeck soll er so manches Reh geschossen haben. Die Gaststube mit den Geweihen und Schützenscheiben hat er allerdings nie betreten, denn die gab es zur Zeit des Heimatdichters noch gar nicht.

»Zum Schmidbauer« steht über der Eingangstür des schmucken Wirtshauses. Anni Weißenbeck hat in dem ehemaligen Bauernhof erst in den 1950er-Jahren ein Wirtshaus eröffnet, einfach weil sie so gut und gern kochte.

Mutter und Tochter Weißenbeck, die heute das Regiment führen, stehen ihr in nichts nach. Viele Rezepte hat Barbara Weißenbeck von ihrer Schwiegermutter Anni übernommen. Sie ist gelernte Bankfachfrau und hat sich aus Liebe zu Ehemann Hans auf das Gastronomiegeschäft eingelassen. So wie sie von ihrer Schwiegermutter, so lernt Tochter Elisabeth heute von ihr die Küchengeheimnisse. Die hochgewachsene, blonde Juniorchefin nahm zunächst

Aus dem ehemaligen Bauernhof wurde erst in den Fünfzigerjahren des letzten Jahrhunderts ein Gasthaus, das sich aber sehr schnell einen guten Ruf erwarb.

ein wenig Abstand von der Gastronomie: Sie studierte Kunst und sammelte auch Erfahrungen im Ausland. Aber dann zog es sie doch wieder heim ins Dachauer Land. Es war nicht nur die Sehnsucht nach der Familie, auch die Aussicht, selbstständig zu arbeiten, bewegte sie zur Heimkehr. »Vielleicht hat man den Beruf auch in den Genen, wenn man damit groß geworden ist«, sinniert die junge Frau.

Die Qual der Wahl hat, wer im Gasthaus Weißenbeck feiern möchte. Vom gemütlichen Kaminzimmer über das heimelige Stüberl (oben) bis hin zur rustikalen Hofstube reicht das Angebot der Räumlichkeiten.

Die Gaststube ist mit Blumen, silbernen Vasen und Kerzenleuchtern geschmückt, und das Ambiente erinnert an ein französisches Landgasthaus. Mit Geschmack gelingt es den Weißenbecks, Rustikales und bürgerliche Eleganz zu verbinden. Juniorchefin Elisabeth baut nicht nur auf die alte Tradition von Mutter und Großmutter, sondern entwickelt ihren eigenen kreativen Stil. Ab und zu schaut sie sich in renommierten Küchen um, um ihr Können zu erweitern. Denn in einem Punkt stimmen Mutter und Tochter überein, sie sind beide Perfektionistinnen. »Und da fliegen in der Küche auch schon mal die Fetzen«, geben sie lachend zu.

Der Hase schmeckt köstlich, genauso wie das Reh, das in kräftigem Wildsud serviert wird. Der Geschmack ist unverfälscht, ebenso beim Blaukraut, das nicht nach Zimt, Nelken und Preiselbeeren schmeckt, sondern frisch und würzig. Wild liefert der Hausherr aus eigener Jagd. Fisch, Fleisch und Geflügel kommen von Züchtern aus dem Dachauer Land, und der Schweinebraten ist vom Schwäbisch-Hällischen Landschwein. Auch Slow Food hat die beiden Köchinnen für ihre bodenständige, gute Küche mit einer Schnecke ausgezeichnet. Traditionell Bayerisches wie Lüngerl oder Gansjung wird noch original nach dem Rezept von Großmutter Anni zubereitet. Klassiker wie gefüllte Kalbsbrust oder Kalbsleber mit Kartoffelpüree gehören zum Repertoire. Wie sorgsam hier mit Produkten umgegangen wird, zeigen die köstlichen Terrinen von Wild und Geflügel, die es auch zum Mitnehmen gibt.

Ein wenig Zuneigung zur mediterranen Küche verrät die Speisekarte allerdings auch, und je nach Jahreszeit kommen die aromatischen Kräuter dazu aus dem eigenen Garten.

Idyllisch sitzt man im Sommer im Garten vor der mit Glyzinien überrankten Fassade des alten Gasthauses. Es ist Teil des großen Dreiseithofes, der noch gut die ehemalige bäuerliche Struktur des Anwesens erkennen lässt. Und ein Kirchturm ist auch in Sichtweite, wie es sich eben für ein ordentliches bayerisches Wirtshaus gehört, auch wenn es eine Weiberwirtschaft ist.

Ausflugstipp

Dachau ist weltberühmt, allerdings von trauriger Berühmtheit. Bei einem Besuch der Weiberwirtschaft der Weißenbecks in Unterbachern ist zu empfehlen, auch einmal die schöne Seite der nur sechs Kilometer entfernten Stadt kennenzulernen. Hoch über der Altstadt thront das Dachauer Schloss. Max Emanuel, der Blaue Kurfürst, ließ ihm durch den Dachauer Gärtnersohn Josef Effner sein heutiges barockes Aussehen verleihen. Der Hofgarten lädt zum Lustwandeln ein, und im Schloss selbst finden immer wieder interessante Ausstellungen statt. An Föhntagen genießt man einen herrlichen Ausblick vom Schlossberg, dann ist die gesamte Alpenkette zum Greifen nah. Information über www.dachau-online.de.

»Barbara Weißenbecks Küche ist ein Glücksfall«, schreibt die *Frankfurter Allgemeine Sonntagszeitung* – und die Gäste bestätigen es.

Fasanenbrust auf geschmorten Linsen mit karamellisierten Quitten

Für die Fasanenbrust:
2 Fasane, küchenfertig | 2–3 EL Olivenöl | 1 Zwiebel | 1 Karotte | 2 Stangen Bleichsellerie | 2 Lorbeerblätter | 1 Rosmarinzweig | einige Pfefferkörner | 1 l Geflügelbrühe | Salz und Pfeffer aus der Mühle | 100 ml Weißwein | 2 EL Butter

Für die Linsen:
1 Karotte | 1 Zwiebel | 1 Stange Lauch | 2 Stangen Bleichsellerie | 1 Knoblauchzehe | 2 EL Olivenöl | 2–3 geschälte Tomaten aus der Dose | 250 g Belugalinsen | 1 l Gemüsebrühe | Salz und Pfeffer aus der Mühle | 1 EL Butter | 1 Tasse klein gehacktes Mischgemüse aus Karotte, Zwiebel, Lauch | 1 EL Butter | Salz | Aceto balsamico

Die Weißenbecks haben nicht nur Kulinarisches wie diese köstliche Fasanenbrust zu bieten. Im Gasthaus finden auch immer wieder kulturelle Events statt: von Opern- und Operettenabenden über traditionelle Stubenmusi bis hin zum Jazzbrunch im Sommer.

Für die Quitten:

2 Quitten | 20 g Butter | 100 ml Apfelsaft | 2 cl Calvados | 80 g Zucker

■ Die Fasanenbrüste auslösen, ebenso die Haxen.

■ Die Karkassen zerhacken. Die Hälfte des Öls in einem Topf erhitzen und die Karkassen rundum anrösten.

■ Die Zwiebel abziehen und die Karotte schälen. Beides in kleine Würfel schneiden. Den Sellerie waschen und in nicht zu kleine Stücke schneiden. Das Gemüse zu den Karkassen geben. Die Lorbeerblätter und den Rosmarinzweig sowie die Pfefferkörner zufügen und einige Minuten mitrösten. Mit der Geflügelbrühe auffüllen und so lange offen köcheln lassen, bis die Flüssigkeit auf ein Drittel reduziert ist.

■ Den Backofen auf 180 °C vorheizen. Die Fasanenbrüste mit Salz und Pfeffer einreiben.

■ Das restliche Öl in einer Pfanne erhitzen und die Brüste kurz auf beiden Seiten bei leichter Hitze anbraten. Anschließend im heißen Ofen 6 bis 8 Minuten garen. Herausnehmen und in Alufolie warm halten.

■ Den Bratensatz mit Weißwein ablöschen, einige EL dem durch ein Sieb passierten Fasanenfond zufügen und einköcheln lassen, bis die Sauce eine schöne, sämige Konsistenz hat. Mit kalter Butter zusätzlich binden.

■ Für die Linsen die Karotte schälen und die Zwiebel abziehen, den Lauch und den Sellerie waschen. Das Gemüse in große Stücke schneiden. Die Knoblauchzehe abziehen.
■ Das Öl in einem Schmortopf erhitzen und das Gemüse sowie die Knoblauchzehe anschwitzen. Die Tomaten mit ihrer Flüssigkeit zufügen. Anschließend die Linsen zugeben und so viel Gemüsebrühe angießen, dass alles bedeckt ist. Mit Salz und Pfeffer würzen. Zugedeckt bei leichter Hitze langsam garen, bis die Linsen nach etwa 20 Minuten al dente sind. Gegebenenfalls Brühe nachgießen. Von der Kochstelle nehmen und die Gemüsestücke entfernen.
■ Die Butter in einem Topf zerlassen und das klein gewürfelte Gemüse anschwitzen. Die Linsen zufügen, gegebenenfalls nochmals etwas Brühe zugießen, und mit Salz und ein paar Spritzern Aceto balsamico abschmecken.
■ Die Quitten schälen und in Spalten schneiden. Die Hälfte der Butter in einer Pfanne zerlassen und die Quitten leicht anschwitzen. Mit dem Apfelsaft und dem Calvados ablöschen und in etwa 1 Stunde weich dünsten. Danach die restliche Butter in einer Pfanne zerlassen, den Zucker einstreuen und hell karamellisieren. Die Quitten darin schwenken.
■ Die Fasanenbrust auf dem Linsengemüse auf vorgewärmten Tellern anrichten und mit den Quittenscheiben dekorativ umlegen.

Saiblingstatar

2–3 Saiblingsfilets | 1 Lauchzwiebel | 1 Stange Bleichsellerie | 4–6 Basilikumblätter | 1 EL ungeschälte Sesamsamen | 1 Msp. scharfer Senf | Zitronensaft | Salz und Pfeffer aus der Mühle | 1 TL Olivenöl

■ Die Saiblingsfilets häuten und in kleine Würfel schneiden.
■ Die Lauchzwiebel und den Sellerie waschen und in feine Scheiben bzw. kleine Würfel schneiden. Das Basilikum in Streifen schneiden. Den Sesam in einer Pfanne ohne Fett hell bräunen.
■ Alle Zutaten mit dem Senf und einem Spritzer Zitronensaft vermengen und mit Salz und Pfeffer würzen. Mit dem Olivenöl geschmeidig rühren und auf großen Tellern anrichten. Mit dem Basilikum dekorieren.

**Köstliches aus der Weißenbeck-Küche.
Von oben nach unten:
Kürbissuppe mit gerösteten Kürbiskernen und steirischem Kürbiskernöl, Verschiedenes vom Saibling, Schokoladentarte mit Mousse au chocolat und Rumfrüchten.
Was hier geboten wird, ist mehr als einfache Landhausküche.**

28

An der schönen blauen Donau

Rose Marie Wenzel im Ruderhaus und Café Conditorei Wiedemann in Deggendorf

Der schönste Platz am Fluss und die süßesten Verführungen der Stadt sind mit dem Namen von Rose Marie Wenzel verbunden. Im Ruderhaus an der Donau serviert sie moderne, leichte Küche, und am Stadtplatz sitzen nicht nur Süßmäuler im Café Wiedemann.

An sonnigen Tagen zeigt sich die Donau tiefblau, und Rose Marie Wenzels Herz schlägt im Walzertakt, denn sie liebt diesen Fluss. Wer das Glück hat, an einem solchen Tag auf der Terrasse des Deggendorfer Ruderhauses zu sitzen und auf die gemächlich dahinfließende Donau zu blicken, der wird verstehen, warum Rose Marie Wenzel 2004 das Lokal direkt an der Donau übernommen hat, obwohl sie doch mit ihrem Café am Stadtplatz eigentlich ausgelastet war.

Das moderne, lichte Gebäude hatte es der Vollblutwirtin sofort angetan. Es ist zwar auch das Domizil des Deggendorfer Rudervereins, aber alles andere als eine Vereinsgaststätte. Rose Marie Wenzel konnte nicht widerstehen, als man ihr die Bewirtschaftung des Ruderhauses anbot, das sie gerne als ihr »Baby« bezeichnet.

Das erste »Kind« von Rose Marie Wenzel befindet sich mitten in der Altstadt. Es ist das traditionsreiche Café Wiedemann, früher Lebzelterei und Kerzenzieherei, später Tanzcafé und heute das beliebteste Café am Platz. Hier am Deggendorfer Stadtplatz hat sich Rose Marie Wenzel seit 15 Jahren einen Namen gemacht. Den Deggendorfern war sie aber schon vorher ein Begriff, denn gemeinsam mit ihrem Mann führte sie zuvor das Stadtcafé. Die charmante Wirtin hat es verstanden, sich bekannt zu machen. Kuchen und Gebäck aus der Backstube im ersten Stock sind einfach konkurrenzlos köstlich, ganz zu schweigen von den 30 bis 40 Sorten

Adressen

Ruderhaus an der Donau
Edlmairstraße 14
94469 Deggendorf
Telefon 0991/7708
Fax 0991/3721792
E-Mail:
info@ruderhaus-deggendorf.de
Website: www.ruderhaus-deggendorf.de

Café Conditorei Wiedemann
Luitpoldplatz 5–7
94469 Deggendorf
Telefon 0991/6767
Fax 0991/6711
E-Mail: info@café-wiedemann.de
Website: www.café-wiedemann.de

Öffnungszeiten

Ruderhaus:
Di–Sa 10.00–24.00 Uhr
Mo Ruhetag
Café Wiedemann:
Mo–Sa 8.00–18.00 Uhr
So und an Feiertagen
10.00–18.00 Uhr
Kein Ruhetag

Anfahrt

Zum Ruderhaus: A 92 Deggendorf–München, Ausfahrt Deggendorf Mitte, zweimal nacheinander rechts abbiegen und dann geradeaus. Das Café Wiedemann befindet sich in der Stadtmitte.

Das Ruderhaus – großstädtisches Flair am Deggendorfer Donauufer.

hausgemachter Trüffeln, den selbst hergestellten Schokoladen und Marmeladen und der hausgemachten Pasta.

Ganz früher, noch vor ihrer Zeit, erzählt Rose Marie Wenzel, spielte im Kaffeehaus am Stadtplatz jeden Sonntag eine Kapelle zum Fünf-Uhr-Tee auf. Diese Tradition möchte sie vielleicht bald im Ruderhaus wieder aufleben lassen.

Das Ruderhaus bringt großstädtisches Flair ans Deggendorfer Donauufer. Man trifft sich zu Cappuccino und Prosecco auf der Terrasse oder an lauen Sommerabenden im dazugehörigen Biergarten. Dem Lauf der Donau folgt auch die Karte: Bayerisch-Modernes, Österreichisch-Traditionelles und Ungarisch-Pikantes wie Filet vom Bachsaibling oder gebratener Flusszander in der Kräuterkruste.

Zwar ist das Ruderhaus das Domizil des Deggendorfer Rudervereins, aber alles andere als eine Vereinsgaststätte. Schon eher erinnert das elegante Ambiente an ein feines Restaurant der gehobenen Klasse.

Wirtin wurde Rose Marie Wenzel aus Liebe zu ihrem Mann, der ein kleines Lokal führte, als sie ihn kennenlernte. Für ihn gab sie ihren Beruf als pharmazeutisch-kaufmännische Assistentin auf und machte eine Ausbildung zur Köchin und Hotelfachfrau. Denn was sie anpackt, macht sie gründlich. Aber warum sich die Mutter von zwei erwachsenen Söhnen, die übrigens beide nicht in ihre Fußstapfen treten werden, noch einmal ein »Baby« wie das Ruderhaus angetan hat? Eigentlich wünschte sie sich ja ein wenig mehr Zeit und Freiraum für sich. Aber dem schönen Platz an der Donau und den vielen Möglichkeiten, die das Ruderhaus bietet, konnte sie einfach nicht widerstehen.

Ausflugstipp: Brennerei zum Bären

Die älteste Bärwurzbrennerei im Bayerischen Wald befindet sich nur wenige Kilometer außerhalb Deggendorfs an der Ruselstraße Richtung Regen. Dort wird das Nationalgetränk der Waldler gebraut. Alles über seine Herstellung und Wirkung erfährt man bei einer Besichtigung der Brennerei und des kleinen Museums. Information über Brennerei zum Bären Eckert, Marienthal 3, 94469 Deggendorf, Telefon 0991/22044, E-Mail: eckert-baerwurz@t-online.de

Deggendorfer Knödel

250 g weich gedünstetes frisches Obst wie Äpfel und Birnen

Für die helle Biskuitmasse: 2 Eigelb | 2 EL heißes Wasser | 80 g Zucker | ½ Päckchen Vanillezucker | 60 g Mehl | 40 g Speisestärke | 1 TL Backpulver | 2 Eiweiß

Mit einem beherzten Knödelwurf, so erzählt man sich, haben die Deggendorfer im 13. Jahrhundert feindliche Belagerer aus dem Böhmischen vor ihrer Stadt vertrieben. Heute feiert Deggendorf den Knödel in vielen Varianten.

Für das Schokoladenbiskuit: 2 Eigelb | 2 EL heißes Wasser | 50 g Zucker | 1/2 Päckchen Vanillezucker | 50 g Mehl | 35 g Speisestärke | 15 g Kakao | 1 TL Backpulver | 2 Eiweiß

Für die Buttercreme: 250 ml Milch | 1/2 Päckchen Vanillepuddingpulver | 125 g weiche Butter | 75 g Puderzucker | Salz

Außerdem: Maraschino nach Belieben

■ Das Eigelb, Wasser, 50 g Zucker und Vanillezucker im heißen Wasserbad cremig schlagen. Das Mehl mit der Speisestärke und dem Backpulver vermengen und auf die Eiercreme stäuben.
■ Das Eiweiß mit 30 g Zucker zu steifem Schnee schlagen. Zuerst ein Drittel des Eischnees vorsichtig unter die Eiercreme rühren, dann den restlichen Eischnee auf die aufgelockerte Masse geben und unterheben.
■ Den Backofen auf 180 °C vorheizen. Die Biskuitmasse in eine mit Pergament ausgelegte Springform füllen und im heißen Ofen ca. 30 Minuten backen.
■ Den Schokoladenbiskuit auf die gleiche Weise wie die helle Biskuitmasse herstellen, den Kakao zugeben.
■ Für die Creme aus Milch und Puddingpulver einen Pudding kochen, abkühlen lassen. Butter mit Puderzucker und einer Prise Salz schaumig schlagen und den Pudding löffelweise unterrühren.

Herstellung der Knödel:
■ Das Obst in kleine Stücke schneiden, gegebenenfalls abtropfen lassen, dabei den Saft auffangen.
■ Die erkalteten Biskuitböden in 3 cm große Würfel schneiden. Vom hellen Biskuit eine Handvoll beiseitelegen und zerbröseln.
■ Helle und dunkle Würfel zusammen in eine große Schüssel geben und mit Fruchtsaft (eventuell mit Maraschino gemischt) tränken. Dabei die Flüssigkeit nach und nach zugeben, bis sich die Würfel miteinander verbinden lassen.
■ Das Obst und die Buttercreme darüber verteilen und alles leicht und locker unterheben.
■ Anschließend kleine Knödel formen und in den zurückbehaltenen Bröseln wälzen. Mit Puderzucker bestreuen und auf Desserttellern anrichten.

29

Landlust in Niederbayern

Henrike Winbeck
im Landgasthof Winbeck in Holzham

Adresse
Landgasthof Winbeck
Holzham 5
94137 Bayerbach
Telefon 08532/925880
Fax 08532/9258830
E-Mail:
info@landgasthof-winbeck.de
Website: www.landgasthof-winbeck.de

Öffnungszeiten
Mo–Sa ab 7.00 Uhr durchgehend
So Ruhetag
Betriebsurlaub: zwei Wochen vor Weihnachten

Anfahrt
An der B 388 zwischen Bad Birnbach und Bad Griesbach, Ausfahrt Holzham

Kurgäste, Golfer, Wanderer und Radler gehören zum Stammpublikum im Gasthof Winbeck. Die vorzügliche Küche des Traditionsgasthauses ist im gesamten niederbayerischen Bäderland ein Begriff.

In der Mitte zwischen Bad Birnbach und Bad Griesbach, eingebettet in sanfte Hügel und grüne Wiesen, liegt der Weiler Holzham. Er besteht aus kaum mehr als fünf Häusern, einer kleinen Kapelle und einem stattlichen Wirtshaus, das heute von Henrike Winbeck geführt wird.

Als vor 200 Jahren dem bäuerlichen Anwesen das Schankrecht verliehen wurde, war die Welt in Niederbayern noch in Ordnung. Der Wirt war der Wirt, und die Frau werkelte in der Küche. Dort begann Seniorchefin Martha Winbeck schon als Sechsjährige ihre Karriere. Sie hat das Kochen von der Mutter gelernt und den Gasthof von den Eltern übernommen. Damals war er noch eine einfache Bauernwirtschaft, der Haupterwerb die Landwirtschaft. Ein frisch gezapftes Bier gab's, eine Brotzeit, und das war's auch schon. Groß aufgekocht wurde nur zu besonderen Gelegenheiten: an Kirchweih, zu Hochzeiten oder wenn es Märzenbier gab.

In den 1970er-Jahren sprudelte dann das Thermalwasser im ländlichen Idyll. Rings um den Weiler Holzham entstanden die niederbayerischen Bäder. Und da wäre es dumm gewesen, sich der Entwicklung nicht anzuschließen. Die Winbecks investierten in Gästezimmer anstatt in die Landwirtschaft. Die Kühe im Stall wurden weniger, die Gäste mehr.

Der Gasthof neben der kleinen Kapelle ist heute eine in weitem Umkreis bekannte Speisegaststätte. Dieses vielleicht etwas alt-

Vom Landgasthof im ländlichen Idyll sind es nur wenige Kilometer zu den umliegenden Golfplätzen. In unmittelbarer Umgebung befindet sich eines der größten zusammenhängenden Golfresorts Europas.

Nur am Sonntag bleibt die lichte Gaststube leer. Dann ist Ruhetag auch für die Wirtin.

modische Wort beschreibt am besten den Stil des Hauses. Die alte Gaststube, die früher dunkel und verräuchert war, ließ Henrike Winbeck ganz in Weiß einrichten. Die Gäste sollen sich in diesem lichten Ambiente wohl fühlen, und sie tun das offensichtlich auch. Bereits abends um sechs herrscht Hochbetrieb. Golfer, Kurgäste, Wanderer und Radler schätzen die ausgezeichnete Küche. Riesige Forellen werden aufgetragen. Aus der Küche duftet es nach Bratkartoffeln und Fleischpflanzerln, die groß sind und kross gebraten. Das Holzhamer Hausgeheimnis, Schweinefilet mit Champignonrahmsauce und mit Käse überbacken, hätte die Wirtin schon längst gerne von der Karte genommen, aber die Stammgäste verlangen immer wieder danach. Schon ein wenig stolz sind Henrike Winbeck und Mutter Martha, die immer noch kräftig in der Küche mithilft, auf die Goldmedaille, mit der der Gasthof beim Wettbewerb Bayerische Küche 2007 ausgezeichnet wurde.

Die gelernte Hotelfachfrau legt großen Wert auf regionale Produkte. Vieles bezieht sie von Plinganser Betrieben und unterstützt damit diese regionale Initiative aus dem nahen Rottal. Auf den Feldern des ehemaligen landwirtschaftlichen Betriebes wächst Wald für die Hackschnitzelheizung des Landgasthofes, und die Solaranlage auf dem Dach produziert »grünen« Strom.

Die Umwelt ist der jungen Gastronomin Henrike Winbeck ein Anliegen. Sie lacht auf die Frage, ob das hier noch lange eine reine Weiberwirtschaft bleiben wird. »Ein Partner, wenn er nicht aus der gleichen Branche kommt, muss jedenfalls viel Verständnis mitbringen«, sagt sie. Wirtin wird sie aber auf jeden Fall bleiben.

Ausflugstipp: Sammarei

Niederbayern ist reich an Barock. Diese kleine Marien-Wallfahrtskirche ist ein Glanzstück frühbarocker Kunst. Das Herzstück bildet die Gnadenkapelle mit einem Marienbild, das eine große Verwandtschaft mit dem Mariahilfbild von Lucas Cranach zeigt, und mit 1300 Votivbildern aus vier Jahrhunderten. Wundern sollte man sich nicht über den exotischen Namen Sammarei, er ist nichts anderes als eine volkstümliche Abwandlung von Sancta Maria – Sankt Marei – Sammarei.

Bürgermeisterbraten

Das Bürgermeister- oder Pastorenstück aus der Rinderhüfte trägt diesen Namen, weil die Metzger es früher für diese Herren zu reservieren pflegten.

1 kg gut abgehangenes Bürgermeisterstück | Salz und Pfeffer aus der Mühle | 1 EL getrockneter Rosmarin und Thymian, gemischt | 1 Zwiebel | 2 Karotten | 1/2 Knollensellerie | 4–5 Rinderknochen, klein gehackt | 4 EL Butterschmalz | 500 ml Rinderbrühe | 250 ml Rotwein | 1–2 TL Stärkemehl

■ Das Fleisch waschen und trocken tupfen. Mit Salz und Pfeffer sowie Rosmarin und Thymian einreiben.

■ Die Zwiebel abziehen und grob hacken. Die Karotten und den Knollensellerie schälen und in nicht zu kleine Stücke schneiden. Die Knochen waschen und trocken tupfen.

■ Das Butterschmalz in einer Reine zerlassen und das Fleisch rundum anbraten. Die Zwiebeln und das Gemüse sowie die Knochen zugeben und ebenfalls kräftig anrösten. Von der Kochstelle nehmen.

■ Den Backofen auf 180 °C vorheizen. Das Fleisch im heißen Ofen 3 Stunden schmoren, dabei das Fleisch immer wieder wenden und nach und nach mit der Rinderbrühe und dem Rotwein aufgießen.

■ Wenn das Fleisch weich ist (Garprobe machen!), den Braten aus der Reine nehmen und in Alufolie verpackt ruhen lassen. Die Sauce mit dem Bratensatz aufkochen lassen, gegebenenfalls mit weiterer Brühe aufgießen und, falls erforderlich, mit etwas Stärkemehl binden. Die Sauce noch einmal abschmecken.

■ Das Fleisch in Scheiben schneiden, auf vorgewärmten Tellern anrichten und mit der Sauce umgießen. Dazu schmecken bei Henrike Winbeck Serviettenknödel und Wirsinggemüse.

Martha Winbeck, noch bis vor Kurzem gemeinsam mit Henrike zuständig für das Wohl der Gäste im Landgasthof, hat das Zepter mittlerweile an die Tochter abgegeben. Doch auf die immer noch tatkräftige Unterstützung der Mutter ist nicht leicht zu verzichten.

30

Zwischen Bier und Karpfen

Monika Wirth im Löwenbräu in Neuhaus

Karpfen werden unter den Händen von Monika Wirth zu Köstlichkeiten, und Bier gibt es in dem fränkischen Landgasthof nicht nur vom Fass. Die Bierspezialitäten der Hausherrin sind deftige, aber auch süße Verführungen in Form von Gelees, Pralinen und Desserts.

Bier und Karpfen waren eine beliebte Fastenspeise der Mönche und haben in Franken eine mehr als 1000-jährige Tradition. Im Brauereigasthof zum Löwenbräu in Neuhaus wird sie bis heute gepflegt. Das Bier stammt aus dem eigenen Sudkessel, der Karpfen hüpft förmlich aus den vor der Haustür liegenden Aischgründer Teichen in den Kochtopf von – nomen est omen – Köchin und Wirtin Monika Wirth.

Der einladend aussehende Gasthof liegt direkt am Karpfenradweg, der die beiden fränkischen Karpfenhochburgen, den Aischgrund und Dinkelsbühl, miteinander verbindet. Der Weg nach Neuhaus lohnt sich aber auch mit dem Auto. Das Löwenbräu ist ein fränkischer Bilderbuchgasthof. Alle Renovierungssünden der 1960er-Jahre wurden gründlich ausgemerzt, sodass sich die Gäste heute in der altfränkischen Gaststube, die mit Antiquitäten und alten Brauereirequisiten ausgestattet ist, so richtig wohl fühlen.

Die Küche der Monika Wirth ist nicht nur wegen des Aischgründer Karpfens berühmt. Der kommt traditionell gebacken und blau auf den Teller, aber auch asiatisch süßsauer mit Zitronengras aus dem Wok, als Filet in Bier-Senf-Sauce oder als »Knusperle« zu gartenfrischem Salat. So gut und frisch schmeckt der Karpfen selten. »Gebackener Karpfen muss sich auf dem Teller wölben, sonst ist er nicht frisch«, klärt die Wirtin ihre Gäste auf. Ihren

Adresse

Zum Löwenbräu
Hauptstraße 3
91325 Adelsdorf/Neuhaus
Telefon 09195/7221
Fax 09195/8746
E-Mail: info@zum-loewenbraeu.de
Website:
www.zum-loewenbraeu.de

Öffnungszeiten
Mo und Di 17.30–23.00 Uhr
Mi–So 11.00–14.00 Uhr und 17.30–23.00 Uhr
Küche 11.00–14.00 Uhr und 17.30–21.00 Uhr

Anfahrt
A 3 Würzburg–Nürnberg, Ausfahrt Höchstadt-Ost

Hinter dem Wirtshausschild verbirgt sich ein Zusammenschluss von Gasthöfen, in denen noch handwerklich gebraut und gekocht wird. Die »Karpfenweiße« belegte beim European Beer Star Award in der Kategorie Bernsteinfarbenes Hefeweizen 3-mal hintereinander Gold.

Die gemütliche Stube wird den Gästen wohl noch lange erhalten bleiben. Denn die drei erwachsenen Kinder von Monika Wirth sind schon in die Fußstapfen der Eltern getreten.

Aischgründer Spiegelkarpfen bezieht sie in Bioqualität aus den Weihern des Bundes Naturschutz. Dazu schmeckt am besten die Karpfenweiße von Braumeister und Ehemann Benno Wirth, der diesen Beruf in der neunten Generation ausübt.

In Strömen fließt das Bier im Sommer auf dem zur Brauerei gehörenden Felsenkeller. Es ist ein alter fränkischer Brauch, das Bier »auf den Kellern«, in denen es früher gekühlt wurde, unter schattigen Bäumen zu trinken. An die 600 Gäste fallen an schönen Tagen dort ein und haben nicht nur Durst, sondern auch Hunger. Mit Begeisterung stürzen sie sich dann auf die Bierbratensülze und das selbst gebackene Malzschrotbrot aus dem Steinbackofen von Monika Wirth oder ordern den beliebten Bratwurstsalat oder Bratwurstschaschlik. Bewundernswert, was die Löwenbräuwirtin und Mutter von drei Kindern alles aus Bier und den bei seiner Herstellung entstehenden Nebenprodukten zaubert: in Malzschrot panierte Braumeistermedaillons, Bierkutschersteak, Braumalzparfait oder karamellisierte Biercreme. Wie viel Fantasie und was für eine Energie steckt in diesen Rezepten! Monika Wirth tüftelt so lange, bis sie mit dem Ergebnis zufrieden ist. So sind ihr auch die exzellenten Bierpralinen gelungen, das Biergelee und die mit Bierbrand gefüllten Bierstängle, die bei den Gästen auch als Mitbringsel beliebt sind. Der Bierbrand stammt übrigens auch aus der hauseigenen Brennerei und ist nicht nur als Schokoladepraline, sondern auch als Verdauungsschnaps eine feine Sache.

Nach einem ausgiebigen Mahl und vielleicht einer ebenso ausgiebigen Bierprobe, die im Löwenbräu angeboten wird, empfiehlt es sich, eines der 25 Gästezimmer des »Flair«-Gasthofs in Anspruch zu nehmen. Sie sind hübsch eingerichtet und dekoriert, wie übrigens das ganze Haus. Da zeigen sich alle Talente der Wirtin, die nicht nur die Marmeladen zum Frühstück aus eigenem Obst herstellt, sondern auch das Sauerteigbrot selbst bäckt.

So manche Auszeichnung hat Monika Wirth schon für ihre Kochkunst erhalten. Das ändert aber nichts daran, dass die patente Hauswirtschaftsmeisterin sich noch ein weiteres Ziel gesetzt hat. Küchenmeisterin möchte sie werden. Nötig hätte sie es wahrlich nicht, sie kocht auch so schon ausgezeichnet.

Ausflugstipp

Zu empfehlen ist ein Spaziergang oder besser noch ein Radausflug in die Aischgründer Teichlandschaft. Es sind nur ein paar hundert Meter bis zu den ersten Weihern, in denen sich die beliebten Speisefische tummeln. Der Karpfen, der ursprünglich aus chinesischen Gewässern stammt, war schon bei den Römern eine beliebte Delikatesse. Durch Neuhaus geht auch der Karpfenradweg, der von Dinkelsbühl nach Erlangen führt. Auch ein Gepäcktransport für Radler ist möglich. Information über www.karpfenradweg-franken.de.

Karpfenfilet in Bier-Senf-Sauce

4 Karpfenfilets à 200 g | Salz und Pfeffer aus der Mühle | 1 EL Butterschmalz | 1 kleine Zwiebel | 30 g Butter | 40 g Mehl | 400 ml Fischfond | 100 g Sahne | 170 ml Weizenbier | 1 TL Senf | Saft 1/2 Zitrone

■ Die Karpfenfilets mit Salz und Pfeffer würzen.

■ Das Butterschmalz in einer Pfanne bei leichter Hitze zerlassen und die Karpfenfilets auf beiden Seiten goldgelb braten.

■ Für die Sauce die Zwiebel abziehen und in kleine Würfel schneiden.

■ Die Butter in einer Pfanne zerlassen, das Mehl zufügen und unter Rühren etwas Farbe nehmen lassen. Mit dem Fischfond nach und nach aufgießen, glatt rühren und zum Kochen bringen. Bei leichter Hitze 5 bis 10 Minuten köcheln lassen.

■ Die Sauce durch ein feines Sieb passieren. Sahne und Bier zufügen und mit Salz und Pfeffer, Senf und Zitronensaft abschmecken.

■ Die Karpfenfilets auf vorgewärmten Tellern anrichten und mit Bier-Senf-Sauce umgießen.

■ Als Beilage eignen sich Reis oder Bratkartoffeln.

In dem Brauereiladen der Monika Wirth gibt es viel Verführerisches: wunderbare Marmeladen, Biergelee, Bierkonfekt, Bierbrand aus der hauseigenen Brennerei und vieles mehr. Dazu für die Gesundheit und Schönheit: Hopfencremes, Hopfenölbäder, Hopfenseifen, Hopfentinkturen, Hopfentees ... einfach alles aus dem grünen Gold.

Weitere Weiberwirtschaft'n

Der Umfang des Buches begrenzt naturgemäß die Anzahl der Porträts der Wirtinnen. Außer den hier vorgestellten 30 Wirtinnen aus allen bayerischen Regierungsbezirken gibt es noch deren viele, die mit Leidenschaft und Können dazu beitragen, dass die weibliche Wirtshauskultur in Bayern zu einem Eckpfeiler der Gastronomie geworden ist. Aus diesem Grund nennen wir hier weitere Adressen, für die sich ein Ausflug allemal lohnt.

Karin Bayer, Gasthof zur Traube, Lehentalstraße 16, 91249 Weigendorf-Oed, Telefon 09154/4805, Fax 09154/946549

Irene Brehmer-Stockum, Lindenbräu, Am Bach 3, 91322 Gräfenberg, Telefon 09192/348, Fax 09192/997837

Sabine, Iris und Birgit Detter, Graminger Weißbräu, Graming 79, 84503 Altötting, Telefon 08671/96140, Fax 08671/961444

Monika Dietz, Alte Braustube, Feuerbachstraße 1, 91590 Bruckberg, Telefon 09824/9233690

Gertraud Geisberger, Gasthof-Pension Göttler, Pfarrkirchner Straße 24, 84359 Simbach a. Inn, Telefon 08571/91180, Fax 08571/911818

Martina Groh-Walter, Hotel Restaurant Lohmühle, Badstraße 37, 95444 Bayreuth, Telefon 0921/53060, Fax 0921/5306469

Traudi Haindl, Klosterschänke Dietramszell, Klosterplatz 2, 83623 Dietramszell, Telefon 08027/904500, Fax 08027/904501

Nicola Hofmann, Hotel-Gasthof Der Krug, Mühlendorfer Straße 4, 96135 Stegaurach, Telefon 0951/994990, Fax 0951/9949910

Beate Hubig-Blöchl, Landhotel Sportalm, Bischof-Firmian-Straße 21, 94158 Philippsreut/Mitterfirmiansreut, Telefon 08557/200, Fax 08557/273

Heidrun Kaufmann, Vinothek Iphofen, Kirchplatz 7, 97346 Iphofen, Telefon 09323/870317, Fax 09323/870319

Sabine Koch, Weinstall Castell, Schlossplatz 3, 97355 Castell, Telefon 09325/902561, Fax 09325/902681

Auguste Nagelstutz, Landgasthof-Hotel Zur Post, Hauptstraße 20, 84152 Mengkofen, Telefon 08733/92270, Fax 08733/9227170

Irmgard Reck, Gasthaus Fischküche Reck, Oberndorf 7, 91096 Möhrendorf, Telefon 09131/47176, Fax 09131/46761

Martha Stief, Gasthaus zum Schimmelwirt, Aichacher Straße 21, 86529 Schrobenhausen, Telefon 08252/7609

Anna Widmann-Schwarzmann, Gasthof Widmann, Bergstraße 4, 82216 Maisach (Überacker), Telefon 08135/485, Fax 08135/939528

Rezeptregister

Wenn nicht anders vermerkt, sind die Rezepte für 4 Personen berechnet.

Hannelore Fisgus ist Rundfunkjournalistin, begeisterte Hobbyköchin und Reisefachfrau. Sie ist langjährige Mitarbeiterin des Bayerischen Rundfunks und Autorin von kulinarischen Reiseführern.

Barbara Lutterbeck betreibt ein Fotostudio in Köln und fotografiert neben ihrem Spezialgebiet Food mit Vorliebe »on location« und auf Reisen. Sie sammelte Erfahrungen in wichtigen Londoner Studios und fotografiert für internationale Auftraggeber aus der Industrie sowie für Buch- und Zeitschriftenverlage.

Ria Lottermoser ist leidenschaftliche Büchermacherin. Als Lektorin, Cheflektorin und Verlagsleiterin arbeitete sie in renommierten Verlagen. Heute ist sie Verlagsleiterin der Edition Styria.

Dank

Viele Personen haben uns bei unseren Recherchen unterstützt. Ohne sie wäre dieses Buch nicht möglich gewesen. Einige seien an dieser Stelle besonders hervorgehoben: Susanne Droux, Geschäftsführerin Marketing und Berufsbildung im Bayerischen Hotel- und Gaststättenverband, und die Vertreter der dazugehörigen Bezirksgeschäftsstellen, allen voran Hans Heiko Scheuermann vom Bayerischen Hotel- und Gaststättenverband, Bezirksgeschäftsstelle Niederbayern, und Susanne Lenk von der Bezirksgeschäftsstelle Schwaben; außerdem Frau Dr. Viktoria Lofner-Mair vom Bayer. Staatsministerium für Landwirtschaft und Forsten.

Bildnachweis

20 Carolin Kratz; 21, 22 Hannelore Fisgus; 24, 27 Thorsten Eckardt; 57, 58 Klaus-Maria Einwanger; 70–73 Anna-Lena Zintel. Alle übrigen Bilder: Barbara Lutterbeck.

ISBN 978-3-7750-0621-7
aktualisierte Neuausgabe

www.haedecke-verlag.de
4 3 2 1 · 2014 2013 2012 2011

Lektorat: Ria Lottermoser
Korrektorat: Mischa Gallé
Visuelle Gesamtkonzeption: www.buero-jorge-schmidt.de
Layout und Satz: BUCHFLINK Rüdiger Wagner, Nördlingen
Gesetzt in der Helvetica und Rotation
Titelbild: mauritius images / Peter von Felbert
Kartographie: Bayern Tourismus Marketing GmbH – www.bayern.by
Printed in Germany 2011